DESMARKETIZE-SE

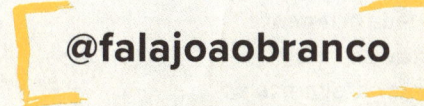

[@falajoaobranco]

Caro(a) leitor(a),
Queremos saber sua opinião sobre nossos livros. Após a leitura, siga-nos no **linkedin.com/company/editora-gente**, no TikTok **@editoragente** e no Instagram **@editoragente** e visite-nos no site **www.editoragente.com.br**. Cadastre-se e contribua com sugestões, críticas ou elogios.

JOÃO BRANCO

DESMARKETIZE-SE

O NOVO MARKETING NÃO PARECE MARKETING

Gente
editora

Diretora
Rosely Boschini

Gerente Editorial Sênior
Rosângela de Araujo Pinheiro Barbosa

Editora Júnior
Rafaella Carrilho

Assistente Editorial
Fernanda Costa

Produção Gráfica
Fábio Esteves

Preparação
Gleice Couto

Capa
Vanessa Lima

Projeto Gráfico e Diagramação
Gisele Baptista de Oliveira

Revisão
Wélida Muniz

Impressão
Edições Loyola

Copyright © 2023 by João Branco
Todos os direitos desta edição
são reservados à Editora Gente.
Rua Natingui, 379 – Vila Madalena
São Paulo, SP – CEP 05435-000
Telefone: (11) 3670-2500
Site: www.editoragente.com.br
E-mail: gente@editoragente.com.br

Dados Internacionais de Catalogação na Publicação (CIP)
Angélica Ilacqua CRB-8/7057

Branco, João
    Desmarketize-se : o novo marketing não parece marketing / João Branco. - São Paulo : Editora Gente, 2023.
    192 p.

ISBN 978-65-5544-388-2

1. Marketing 2. Negócios I. Título

23-4708   CDD 658.8

Índices para catálogo sistemático:
1. Marketing

NOTA DA PUBLISHER

"O mundo seria melhor sem marketeiros?" Esta foi a pergunta que João Branco, autor best-seller e marketeiro de primeira, fez a seus leitores em uma rede social. Pensando bem, quem não gostaria de uma pausa na enxurrada de anúncios, nos botões surpresas com aquela oportunidade imperdível ou em propagandas que oferecem as últimas unidades pela metade do dobro?

A verdade é que estratégias de marketing como essas têm se mostrado cada vez menos eficazes e cada vez mais saturadas. O que, como João chama, compõe esse "velho marketing" parece não ter mais espaço em um mundo que demanda uma realidade sem filtros.

É a partir dessa premissa que João Branco propõe a desmarketização. Em uma leitura divertida e nutrida de conhecimento, o autor, com os seus mais de vinte e cinco anos de experiência, vai mostrar que somente quando se quer, verdadeiramente, fazer a diferença na vida das pessoas é que é possível construir um vínculo profundo com o público e atribuir propósito ao dia a dia.

Se você trabalha oferecendo algum serviço ou vendendo algum produto, *Desmarketize-se* vai mostrar que você pode ir além quando o assunto é marketing e conquistar, de maneira definitiva, o seu cliente.

Rosely Boschini
CEO e Publisher da Editora Gente

PARA TODOS QUE SE
DEDICAM A SERVIR,
VENDER, ATENDER E
MELHORAR A VIDA
DE PESSOAS.

AGRADECIMENTOS

Obrigado, querida mamãe, Neide, e saudoso papai, João.

Obrigado, meus amores Nátalie, Teco e Juju.

Obrigado, meus professores.

Obrigado, meus chefes, equipes e agências.

Obrigado, Méqui.

Obrigado, Burger King.

Obrigado, Rony Meisler.

Obrigado, Editora Gente.

E, principalmente, muito obrigado, Deus.

SUMÁRIO

PREFÁCIO DE RONY MEISLER **12**

INTRODUÇÃO **15**

1 O MUNDO SERIA MELHOR SEM MARKETEIROS? **21**

2 MARCAS QUE SÓ QUEREM ME USAR **33**

3 A VERDADEIRA ALMA DO NEGÓCIO **55**

4 DESMARKETIZE-SE **71**

5 NO ALVO: FALE COM A PESSOA CERTA **85**

6 RELEVÂNCIA: OFEREÇA A COISA CERTA 105

7 AUTENTICIDADE: PARE DE FINGIR SER QUEM NÃO É 119

8 HUMANIZAÇÃO: UMA AMIGA, E NÃO O CARRO DA PAMONHA 139

9 CONSISTÊNCIA: SEMPRE PRESENTE 155

10 VENDER FAZ SENTIDO 173

ESTE NUNCA FOI UM LIVRO SOBRE MARKETING 190

PREFÁCIO

Jamais julgue um livro pela capa.

O João é tão marketeiro que escreveu um livro aparentemente antimarketing para fazer disso o seu marketing.

Ele é claramente um cara a frente de seu tempo e nunca foi head de marketing de empresa ou coisa nenhuma, ele foi pouco a pouco se descobrindo como head de propósito. Primeiro do Méqui e agora da própria vida.

Até bem pouco tempo atrás, eu o acompanhava de longe, faço isso com todos os meus ídolos. Eu o observava para fazer a logística reversa de suas ações no Méqui e de suas pensatas no Instagram e no LinkedIn para tentar entender o seu modelo mental.

Sim, além de marketeiro assumido, eu sou um *stalker* (de baixa periculosidade, prometo) e faço isso para entender os "porquês" das pessoas, pois, agindo assim com elas, aprendo mais rápido.

Em minhas observações eu concluí que o João entendeu muito antes de seus pares dois lances que são tão complexos como simples:

1. A MATÉRIA PRIMA DA INOVAÇÃO NÃO É A TECNOLOGIA. É A AUDIÇÃO.

O João descobriu que o ser humano não nasce vocacionado para ser criativo. A criatividade nada mais é do que consequência lógica da curiosidade.

Quanto mais livros lemos, espetáculos/filmes/palestras assistimos, viagens fazemos, exposições visitamos, relacionamentos vivemos e etc., mais referências criativas colecionaremos e, por consequência, mais criativos seremos.

Quando precisamos ter uma ideia, o nosso cérebro mistura as referências que possuímos e nos "cospe" ideias.

Em resumo: o bom e velho "dois ouvidos e uma boca".

Quanto mais ouvimos, mais aprendemos sobre os problemas e sentimentos das pessoas e, por consequência, mais ideias teremos para resolver os problemas delas.

A inovação nada mais é do que a capacidade de construirmos soluções para os problemas das pessoas, certo?

2. SE A CULTURA COME A ESTRATÉGIA NO CAFÉ DA MANHÃ, O PROPÓSITO É A MÃE E O PAI DA CULTURA.

Quando uma empresa identifica seu propósito e o pratica, sem concessões, em tudo o que faz para todos aqueles que estão ao seu redor (colaboradores, consumidores, fornecedores e sociedade), ela se torna imbatível, pois cria seguidores em vez de colaboradores. Comunidades em vez de clientes. Gente que consome seus produtos tanto – ou mais – pela causa quanto pelo produto.

Para concluir este prefácio: todo terapeuta faz terapia. Entenda este livro, portanto, como um divã, e o João como o terapeuta.

O João sugere a você desmarketizar porque ele, enquanto marketeiro, resolveu se despir há um tempinho. O João do Méqui foi para o divã e assim, de tanto falar de suas dores e delícias e escutar as dos clientes, ele acabou descobrindo o João Branco.

Este livro é muito mais do que um conjunto de percepções do João Branco sobre o (anti) marketing. Ele é uma mistura de autoanálise biográfica com exercício profissional que deveríamos, pessoas físicas e jurídicas, praticar diariamente:

- humildade de saber que nada sabemos;
- perguntar e escutar os clientes, os colaboradores, os fornecedores e as comunidades ao nosso redor para compreender suas dores;
- construir soluções para resolvê-las, sem jamais fazer concessões aos nossos valores.

Marcas (e pessoas) que possuem essa mentalidade se tornam tão fortes que o marketing, ahhhhh o marketing, se torna irrelevante.

Em um mundo cheio de marcas que querem parecer com outras marcas, as realmente diferentes são aquelas que pura e simplesmente são elas mesmas. São de verdade.

A propósito, "De verdade" seria um ótimo nome para o terceiro livro do João!

Rony Meisler
Co-fundador da Reserva, CEO da Ar&Co
(e "desmarketizador" preferido do João Branco).

INTRODUÇÃO

"Isso é coisa de marketeiro." Quando alguém fala essa expressão está se referindo a algo bom ou ruim? Fiquei tão curioso que fiz essa pergunta nas redes[1] e mais de 7 mil pessoas me ajudaram com a resposta: 85% acham que estamos falando de uma coisa negativa. Pelo visto, trabalhar com comunicação e vendas não é uma profissão que tem a melhor reputação do universo. Está aí uma boa oportunidade de mudar essa história.

Este livro não foi escrito para diretores de marketing nem para os "professores do Philip Kotler" de plantão. Ele não é um guia de táticas que aumentam milagrosamente as vendas, nem uma nova "lista de Ps"[2] ou uma versão "X.0" de um guia de construção de marcas fortes. Não é um curso de como "gourmetizar" o seu cardápio, usar gatilhos apelativos ou ensinar a vender areia no deserto. Este não é um manual infalível, nem um compilado de teorias que só funcionam no papel.

O que é este livro, então? Prefiro que você o veja como uma ajuda. Uma mão estendida para todo mundo que oferece produtos ou serviços para clientes. Um fôlego extra para aqueles que têm

---

[1] BRANCO, J. O que aconteceria se os profissionais de Marketing sumissem do mapa? 31 jul. 2023. **LinkedIn**: falajoaobranco. Disponível em: https://www.linkedin.com/posts/falajoaobranco_o-que-aconteceria-se-os-profissionais-de-activity-7090389390736130048--BUG/. Acesso em: 21 ago. 2023.

[2] Referência à clássica teoria do professor Philip Kotler que embasa o Marketing nos 4 Ps: preço, praça, produto e promoção.

metas de vendas e já não sabem mais como atrair consumidores em um mundo que muda tanto. Um aroma diferente dentro da cozinha do marketing, que tem se empenhado muito em difundir receitas de crescimento por meio da tecnologia, mas quase sempre se esquece de que os clientes são seres humanos. Finalmente, este livro também é um novo par de óculos para quem está afundado em milhares de metas e tarefas que consomem o dia a dia e embaçam a visão do propósito do seu trabalho.

Você pode ser médica, empreendedor, designer, advogado, arquiteta, professor, feirante, piloto, atendente de telemarketing, manicure, personal trainer ou cozinheira. Não importa o seu ramo. Se você oferece algo para alguém em troca de pagamento, você tem um pouco de marketing na sua profissão, e este livro é para você.

São páginas cheias de contrassensos, provocações e delicados chacoalhões, escritas com carinho e com a intenção de ajudar. Compartilho nelas o que tenho de melhor depois de ter trabalhado vinte e cinco anos em várias marcas de diferentes mercados, depois de ter errado muitas vezes, passado por inúmeras situações em que não sabia o que fazer e me questionado se realmente deveria seguir nessa profissão. E, também, depois de ter estudado nas melhores universidades do mundo, batido muitos recordes, liderado alguns dos projetos mais premiados do mercado brasileiro de comunicação e saído em várias listas dos melhores profissionais do país.

E o que é marketing? "Marketing é a arte de vender produtos" – essa foi a primeira resposta que a inteligência artificial me entregou para essa pergunta. Mas será que é isso mesmo? A definição oficial, segundo a American Marketing Association, é que "marketing é a atividade, conjunto de instituições e processos para criar, comunicar, entregar e oferecer trocas com valor para os consumidores, clientes, parceiros e sociedade em geral".[3] ZZZzzz... que explicação mais bocejante.

---

[3] DEFINITIONS of marketing. **American Marketing Association**, [s.d.]. Disponível em: https://www.ama.org/the-definition-of-marketing-what-is-marketing/. Acesso em: 21 ago. 2023.

INTRODUÇÃO

Nos mais de cem anos de existência dessa palavra, as definições já abrangeram "troca", "relacionamento", "satisfação", "necessidades", "valor" e "lucro". Afinal, o que faz o marketing na sua opinião? Tem marketing que faz de conta. Tem marketing que faz gol. E tem marketing que faz falta no adversário. Tem marketing que faz mágica e marketing que só gasta orçamento. Tem marketing que nós não conseguimos esquecer e marketing que pagaríamos para "desver". Tem marketing que não faz nada, mas fala muito. Tem gente que acha que marketing é conseguir vender pelo preço mais caro possível. Também tem quem ache que marketing é ficar fazendo videozinhos engraçados. E ainda há os que pensam que marketing é puro bom senso. De certa maneira, todos estão um pouco certos. E todos estão cada vez mais errados. Assim como todos os livros de marketing que li até hoje.[4]

Sempre tive dificuldades em explicar o que faço. A definição mais concisa que consigo dar é esta: "**Marketing é viabilizar satisfação para o cliente**". Estou querendo dizer que se você não deixa o cliente satisfeito, não faz um bom marketing. Mas também estou querendo dizer que se o seu modelo de negócio não é viável, você também não faz um bom marketing. O verbo viabilizar está ali de propósito. Para indicar que o mesmo sorriso que você vai buscar no rosto do cliente precisa também estar estampado no dos proprietários, dos investidores, dos funcionários, dos fornecedores e até no do planeta. Marketing é tentar deixar todo mundo igualmente satisfeito. Quer ver como funciona na prática?

O preço certo para um produto é aquele que deixa igualmente feliz quem compra e quem vende (não se assuste, eu realmente não acho que "esfolar" um cliente desesperado seja o melhor a se fazer. Mesmo que ele aceite pagar por falta de opção, esse é um preço oportunista, não o preço "justo". Assim como não é sustentável oferecer continuamente todos os serviços abaixo do seu custo apenas para angariar mais clientes). Entende o desafio?

---

[4] BRANCO, J. Para você, o que é marketing? **Meio&Mensagem**, 8 maio 2023. Disponível em: https://www.meioemensagem.com.br/opiniao/para-voce-o-que-e-Marketing. Acesso em: 2 ago. 2023.

DESMARKETIZE-SE

Outra definição mais divertida me acompanha com frequência em entrevistas: **"Marketing é tudo o que está entre alguém que compra e alguém que vende"**. Sim, eu sei que esse conceito causa estranhamento em várias pessoas que fazem algum tipo de trabalho aí no meio e não querem se intitular como marketeiras. Mas é preciso ter consciência de que um problema no atendimento ao cliente também afeta a sua reputação. Um problema no pneu do caminhão que faz a entrega na distribuidora também arranha a marca. Um problema na impressora da etiqueta de preço também impacta a confiança na empresa. Isso não significa que o profissional de marketing precisa resolver esses problemas, mas é um fato: **um vendedor que olha no olho do cliente e presta um atendimento inesquecível faz algo pela marca que nenhuma propaganda é capaz de fazer**. Então, tudo que está aí no meio é marketing.

E já que falamos em "fazer algo pelo cliente", finalizo a lista de definições com a minha preferida: "Marketing é tudo o que está entre alguém que PRECISA comprar e alguém que PRECISA vender". Desculpe desapontar aqueles que admiram negócios que conseguem empurrar uma venda de um produto de que o consumidor nunca vai precisar, por meio de impulsos ou ameaças. Também peço perdão às pessoas que não têm qualquer identificação com o que comercializam e passam mais da metade do seu tempo acordadas em vida dedicando-se a vender algo apenas porque dá lucro. Isso, sim, é aquela "coisa de marketeiro" do primeiro parágrafo.

Vou explicar melhor essa ideia até o final do livro, mas adianto: a origem da palavra cliente remete a alguém que depende de quem vende.[5] Em outras palavras, **existe alguém que precisa do que você oferece. E trabalhar com essa intenção muda tudo para melhor. Até os seus resultados de vendas**. Quer saber como? Então vamos para o primeiro capítulo!

---

5 MOMIGLIANO, A.; CORNELL, T. Cliens. **Oxford Classical Dictionary**, 22 dez. 2015. Disponível em: https://doi.org/10.1093/acrefore/9780199381135.013.1676. Acesso em: 21 ago. 2023.

INTRODUÇÃO

Introduções de livros costumam ser mais longas, mas eu não me importo nada, nada com "como as coisas sempre foram feitas"... E quero muuuito deixar você com gostinho de "quero mais", afinal, isso também é fazer marketing.

Partiu desmarketizar? Se você já me segue nas redes sociais, certamente já recebeu degustações dessas ideias. Chegou a hora do banquete completo! E se você ainda não está conectado comigo, deixo aqui o meu convite para que você me mande uma mensagem e me conte o que está achando da sua leitura. Prometo tentar responder a todos vocês, um por um (e isso não é "coisa de marketeiro").

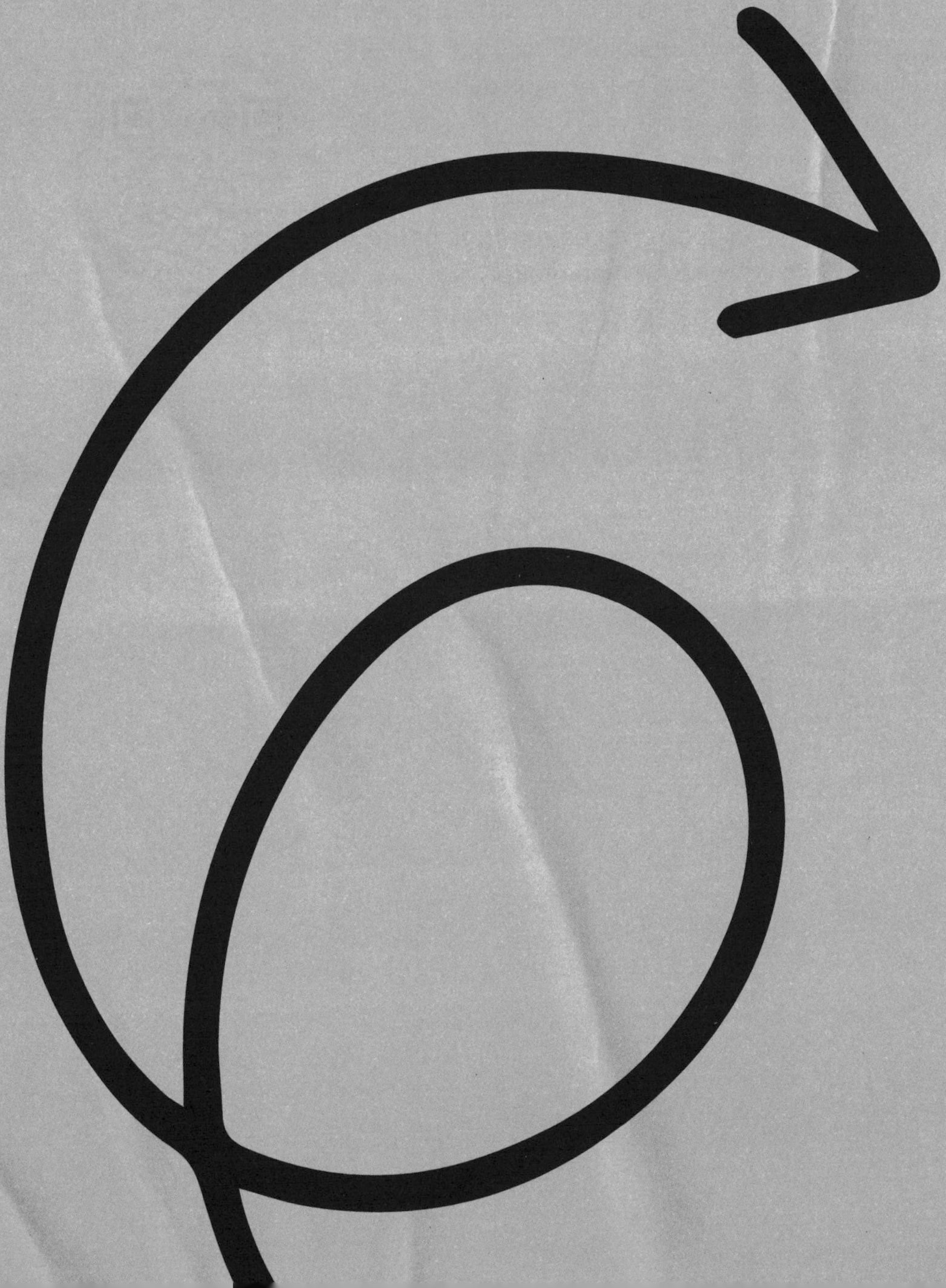

[capítulo 1]

O MUNDO SERIA MELHOR SEM MARKETEIROS?

> A publicidade é a arte de convencer as pessoas a gastar o dinheiro que elas não têm em algo de que elas não precisam.
> WILL ROGERS (HUMORISTA)[6]

---

[6] AS 70 melhores frases de publicidade. **Psicologia Diz**, [s.d.]. Disponível em: https://psicologiadiz.com/reflexoes/as-70-melhores-frases-de-publicidade/. Acesso em: 21 ago. 2023.

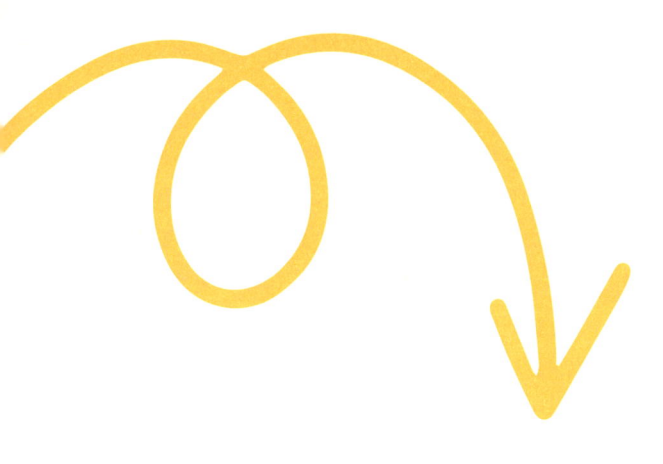

"**Brasileiro nasce marketeiro**" – que frase adorável! Ela reflete a capacidade criativa do nosso povo. Difícil achar uma galera que consiga fazer tantos memes bons como os brasileiros. Ou que saiba dar um "jeitinho" nas coisas como nós. E quem nos venceria em uma disputa de improviso? Você pode nem perceber, mas aplica "técnicas avançadas de marketing" no seu dia a dia. Quando você vê uma pessoa fazendo malabarismo no semáforo, escolhendo uma roupa para ir ao baile funk, criando uma estampa para camiseta, tentando vender um carro usado, inventando um prato novo no restaurante ou fazendo um embrulho diferente em um presente, você está vendo alguém colocar o seu lado marketeiro em prática.[7]

Todos nós temos esse instinto de querer seduzir e satisfazer. Todos gostamos de coisas que nos atraem, queremos deixar a vida mais bela e prazerosa. A neurociência prova que o cérebro humano é programado para buscar isso, nos recompensando com uma dose "deliciosa" de dopamina quando o encontramos. Não é à toa que tantas propagandas se usam de coisas apelativas para vender. E nós também. E não estou falando de fazer um striptease para conseguir o que queremos, mas de nossa capacidade de convencer as pessoas das nossas ideias, e com um sorriso no rosto.

---

[7] BRANCO, J. De marketeiro e louco todo mundo tem um pouco. **UOL**, 30 set. 2020. Disponível em: https://economia.uol.com.br/colunas/joao-branco/2020/09/30/blog-marketing-joao-branco-mcdonalds-mequi.htm. Acesso em: 2 ago. 2023.

Porém, ao mesmo tempo que viemos com esse chip marketeiro instalado de fábrica, também temos um "ranço" por quem passa dos limites. Quando estamos no meio de um jogo on-line muito divertido e somos interrompidos por um anúncio de remédio para diabetes, desenhado de modo que você não consiga fechar o banner com facilidade, a dopamina dá lugar a alguma coisa parecida com a "furiamina", e queremos esgoelar alguém que tem um diploma de Marketing Digital debaixo do braço.

Quem nunca?

VENDE-SE ESTE PARÁGRAFO, FALAR COM PROPRIETÁRIO

Anúncios irritam. Essa é a percepção que tenho da pesquisa "Os brasileiros e a propaganda" realizada pela Provokers[8] para este livro. Nesse estudo, 1.079 pessoas foram entrevistadas sobre o tema, e ficou claro: **92% dos brasileiros gostaria que acontecesse uma mudança nas propagandas**. Por que será?

Uma das razões deve ser o exagero. Em média, vemos mais de 5 mil anúncios por dia[9] e, com o aumento do nosso tempo conectados em alguma tela, esse número cresce muito rapidamente. Talvez você não perceba, porque, de cada cem propagandas que vemos, 92 são sumariamente esquecidas ou ignoradas[10] – é o cérebro dando aquela primeira peneirada nas coisas irrelevantes que aparecem na sua frente.

---

8 **Provokers**. Disponível em: http://www.provokers.com.br. Acesso em: 30 ago. 2023.
9 NADIA. How many ads do we see a day? **Siteefy**, 13 maio 2020. Disponível em: https://siteefy.com/how-many-ads-do-we-see-a-day. Acesso em: 2 ago. 2023.
10 GARATTONI, B.; ROXO, E. Como o neuromarketing tenta influenciar você. **Superinteressante**, 2 ago. 2018. Disponível em: https://super.abril.com.br/ciencia/neuro-propaganda. Acesso em: 2 ago. 2023.

ALUGA-SE ESTA PÁGINA.
(VIU COMO ISSO É IRRITANTE?)

[@falajoaobranco
DESMARKETIZE-SE]

Outro elemento importante nessa equação é o fato de que: "**quanto mais publicidade você assiste, menos feliz você se sente**" – essa foi a conclusão de um estudo[11] feito com 900 mil pessoas em 27 países da Europa. Publicada na Harvard Business Review e conduzida pelo professor Andrew Oswald, que há mais de trinta anos estuda as razões da nossa felicidade, a pesquisa apresenta números fortes: ser exposto ao dobro de propagandas faz sua satisfação com a vida cair 3%. Como referência, isso é metade da queda que um divórcio provoca. Quem diria...

Mas por que isso acontece? A opinião dos pesquisadores é de que as propagandas nos geram uma sensação de insatisfação. Ao tentar nos convencer a comprar algo novo, o marketeiros estabelecem uma nova referência do que é bom. Mas quanto mais vemos anúncios de xampu com modelos com cabelos perfeitos, menos satisfeitos estaremos com o nosso visual.

Em uma escala maior, se ficamos o tempo todo assistindo a famílias "ideais" tomando café da manhã com tranquilidade, pessoas resolvendo facilmente todas as suas dívidas ou cenas luxuosas de um novo carro importado, isso pode nos deixar frustrados com a nossa própria vida, com nossos bens, conquistas e experiências.

Antes de começar a atirar ovos nos marketeiros, preciso lembrar que eu sou um deles. Fiquei alguns dias pensando sobre isso. Por um lado, pode haver alguma lógica nessa teoria. Mas, por outro, não conheço nenhum publicitário que queira entristecer os seus clientes. Ao contrário, a lógica indica que os consumidores compram mais quando têm um sentimento positivo por algo, e não quando estão deprimidos.

Existem, porém, pelo menos dois fatores que podem explicar uma eventual relação entre publicidade e satisfação com a vida: as propagandas exageradas e a nossa mania de nos compararmos com os outros.

---

11 TORRES, N. Advertising makes us unhappy. **Harvard Business Review**, jan./fev. 2020. Disponível em: https://hbr.org/2020/01/advertising-makes-us-unhappy. Acesso em: 2 ago. 2023.

Ficar o tempo todo recebendo estímulos de barrigas chapadas com oito "gominhos", crianças arrumadinhas e relacionamentos amorosos perfeitos é "dose para elefante". Está cheio de anúncios por aí mostrando pessoas conseguindo a casa própria em um estalar de dedos, recebendo abraços carinhosos do chefe, e viajando pelo mundo pagando "quase nada". Como se existisse o mundo mágico das propagandas – um planeta onde não há dificuldades, rugas, celulites, discussões ou fracassos. Quem nunca ouviu um anúncio que começa com a frase "seus problemas acabaram"? Pois é. Isso precisa melhorar.

Mas, ao mesmo tempo, não posso ser contra as propagandas que verdadeiramente mostram as qualidades dos seus produtos. Isso é informar. Se assumirmos que ver algo mais belo nos deixa tristes, então deveríamos ser contra as pessoas que usam maquiagem na rua, por exemplo. Afinal, olhar para alguém arrumado também vai nos fazer ficar deprimidos, não? Se é verdade que as propagandas nos deixam infelizes por mostrarem algo melhor do que temos, imagine então o que os posts dos influenciadores nas redes sociais fazem com os nossos sentimentos?

E aqui chegamos ao segundo ponto: a grama do vizinho. Ela é sempre mais verdinha que a nossa. E nela mora um grande problema: a vida não é uma competição, mas fingimos que não sabemos disso. A euforia com a compra de uma nova televisão dura apenas alguns dias, até o cunhado comprar uma maior. A felicidade por ter feito uma viagem diminui quando ficamos sabendo que a vizinha foi para um hotel com mais estrelas. A comparação do salário, notas da escola, aparência, conta bancária ou número de likes acontece o tempo todo, roubando nosso contentamento e nossa capacidade de aproveitar o que temos e o que somos. Está aí um ponto em que claramente precisamos evoluir enquanto sociedade. A felicidade nunca vai estar em ter mais ou ser melhor que os outros. Viver de comparações é como correr atrás do vento. **A grama perfeita do vizinho não existe. Nem a vida retratada na** clássica **propaganda de margarina**.[12] Mas, enquanto esses entendimentos não mudam, os marketeiros seguem fazendo a (sua própria) "festa".

O BRASIL QUE EU QUERO

Essa expressão foi usada pela TV Globo em 2018 para coletar depoimentos de cidadãos de todo o país com os seus pedidos de mudanças para o futuro. Gerou uma enxurrada de manifestações e, como só acontece por aqui, virou "o puro suco dos memes". Nesse mesmo espírito de imaginar um cenário ideal, as páginas anteriores nos deixam com a seguinte dúvida: será que o mundo seria melhor ou pior sem os marketeiros? Vamos pensar seriamente a respeito. Há alguns anos, os caminhoneiros fizeram uma greve generalizada e mostraram que sem motoristas de caminhão, a sua casa fica totalmente desabastecida. **E se os profissionais de marketing parassem de trabalhar, o que aconteceria? O brasileiro tem opiniões divididas sobre isso, mas 61% não acha que o mundo ficaria pior**. E você, o que pensa? Esse número comprova que existe uma multidão que não curte o trabalho dos marketeiros.

Você certamente comprou morangos alguma vez na vida e constatou: as frutinhas vermelhas que estão na fileira de cima da caixinha são sempre maiores que as de baixo. Por que isso acontece? É triste, mas a maioria das pessoas acha que isso é marketing.

Há muitas técnicas para conseguir vender algo. A vendedora da loja de sapatos explica que aquela promoção irresistível se encerra hoje. O atendente de telemarketing oferece um serviço especial que está sendo liberado para apenas dez pessoas "muito exclusivas". E o algoritmo nas redes sociais lhe mostra um clareador

---

12 BRANCO, J. Estudo prova que propagandas deixam as pessoas infelizes. **UOL**, 27 jan. 2021. Disponível em: https://economia.uol.com.br/colunas/joao-branco/2021/01/27/marketing-felicidade-alegria-tristeza-propaganda.htm. Acesso em: 2 ago. 2023.

dental usado pelas celebridades mais desejadas do mundo. É uma "surra diária de gatilhos". Qual é a estratégia por trás dessas ofertas? Parece que não interessa, o que importa é usar a técnica mágica de vendas do momento. Aquela que é ensinada no "curso para vender curso", sabe?

Sou apaixonado por marketing. Nós chamamos eletrônicos usados de "seminovos". Chamamos vendedores de colchão vestidos com jalecos de "consultores do sono". Chamamos um alisamento que dura seis meses de "escova permanente". E lançamos o "modelo 2030" de um carro já em fevereiro de 2029. É uma aula de criatividade por dia![13]

Mas uma hora o cliente olha para isso diferente. E se dá conta de que algumas empresas estão vendendo um cálculo que é feito no Excel como se fosse "inteligência artificial". E que existe um limite muito tênue entre encantar e exagerar. A conclusão parece óbvia: o mundo seria melhor sem o trabalho dos profissionais de marketing. Ninguém me ligaria às 6h da manhã oferecendo um upgrade no meu pacote de telefonia. Ninguém me aborreceria na fila do supermercado perguntando se quero um crediário. Ninguém sujaria as ruas com placas de lançamentos imobiliários. Ninguém entupiria a minha caixa de e-mails com mensagens de "oportunidade única!".

Em um mundo sem marketeiros, as embalagens de biscoito não ficariam mudando de tamanho todos os meses. Os preços não aumentariam em outubro apenas para poderem ser promocionados na Black Friday de novembro pelo mesmo preço que custavam em setembro. As fotos dos cardápios não seriam de comidas de isopor. E as capas das revistas não teriam um festival de modelos com corpo perfeito, sem celulite.

Um suco que é feito apenas de casca de maçã pode ser chamado de suco 100% maçã? Um leite pode se gabar de ser "fonte de cálcio" se todos os leites são fonte de cálcio? E um líquido de

---

13 BRANCO, J. Ative o raio desmarketizador. **Meio&Mensagem**, 13 fev. 2023. Disponível em: https://www.meioemensagem.com.br/opiniao/ative-o-raio-des marketizador. Acesso em: 3 ago. 2023.

amêndoas pode ser chamado de leite vegetal sendo que não é um leite? Um xampu pode dizer que não tem "adição de sal" se a sua matéria prima já vier com sal? E um macarrão instantâneo pode dizer que fica pronto em três minutos e ignorar o tempo para ferver a água?

Uma marca de roupas pode colocar uma meia em uma embalagem do tamanho de uma caixa de sapato de plástico e depois fazer uma campanha para conscientização sobre o cuidado com o planeta?

Uma influenciadora pode postar um vídeo fazendo de conta que está na primeira classe do avião para causar desejo quando, na verdade, está na classe econômica? Um cirurgião plástico pode usar apenas os resultados de sua melhor cirurgia para divulgar seus serviços em sua rede social? Uma escola pode garantir um futuro melhor para os seus alunos?

Eu poderia escrever quinhentas páginas com exemplos sobre isso. De serviços de parteiras ao de funerárias. De tratamentos odontológicos a pedicures. De assistência psicológica a atendimentos jurídicos. Passando por ONGs, igrejas e clubes de futebol. Praticamente todos desafiam os limites da ética em nome dos seus objetivos.

E os clientes estão questionando duramente esses limites.

Descobri isso porque fiz algumas coisas dessa lista acima. Vi concorrentes fazerem. Acompanhei questionamentos dos órgãos reguladores e dos institutos de defesa do consumidor. Percebi as tendências dos movimentos dos boicotes e das opiniões nas redes sociais. Mas, principalmente, vi "novidades" nos resultados de muitos negócios.

Até agora, essas práticas funcionaram. Mas é crescente o número de empresas que não conseguem os mesmos bons resultados fazendo as coisas que sempre deram certo. Marcas consolidadas estão sendo desafiadas por novos e fortes competidores. Empreendedores surpreendidos por investimentos que não trazem o retorno esperado. Questionamentos públicos, depoimentos de funcionários e ameaças de boicotes tiram a noite de sono dos CEOs.

Tudo isso cria um novo ambiente que faz líderes começarem a repensar o modo de fazer marketing. Digo "começarem", propositalmente, porque ainda vemos muita "coisa de marketeiro" acontecendo por aí.

E AGORA, O QUE FAZER?

Qual seria a solução para esse mundo encantado que só existe nas propagandas? Isso se resolve obrigando os anúncios a conter um asterisco apontando para um texto de mil linhas escritas em uma letra ridiculamente pequena que pisca por três segundos no rodapé explicando que aquilo era apenas uma brincadeira? Vamos forçar todas as embalagens a serem feitas apenas em preto e branco? Vamos eliminar os marketeiros do planeta? Ou vamos deixar a vida seguir e as marcas serem punidas pelos seus próprios consumidores?

Se você está lendo este livro, provavelmente vende alguma coisa. E certamente fica tentado a usar técnicas mágicas que aparecem por aí. Frases que despertam impulsos, truques nos formatos dos posts, sistemas que geram leads automaticamente e outros trambiques que correm por aí em postagens, com um som de piano ao fundo, em que o influenciador diz o que usou para faturar 50 milhões de reais na semana passada. Cuidado, muito cuidado. Seja qual for o desafio de vendas que você tenha, a solução sempre vai começar por entender com profundidade o seu cliente. Como ele se sente em relação ao seu marketing?

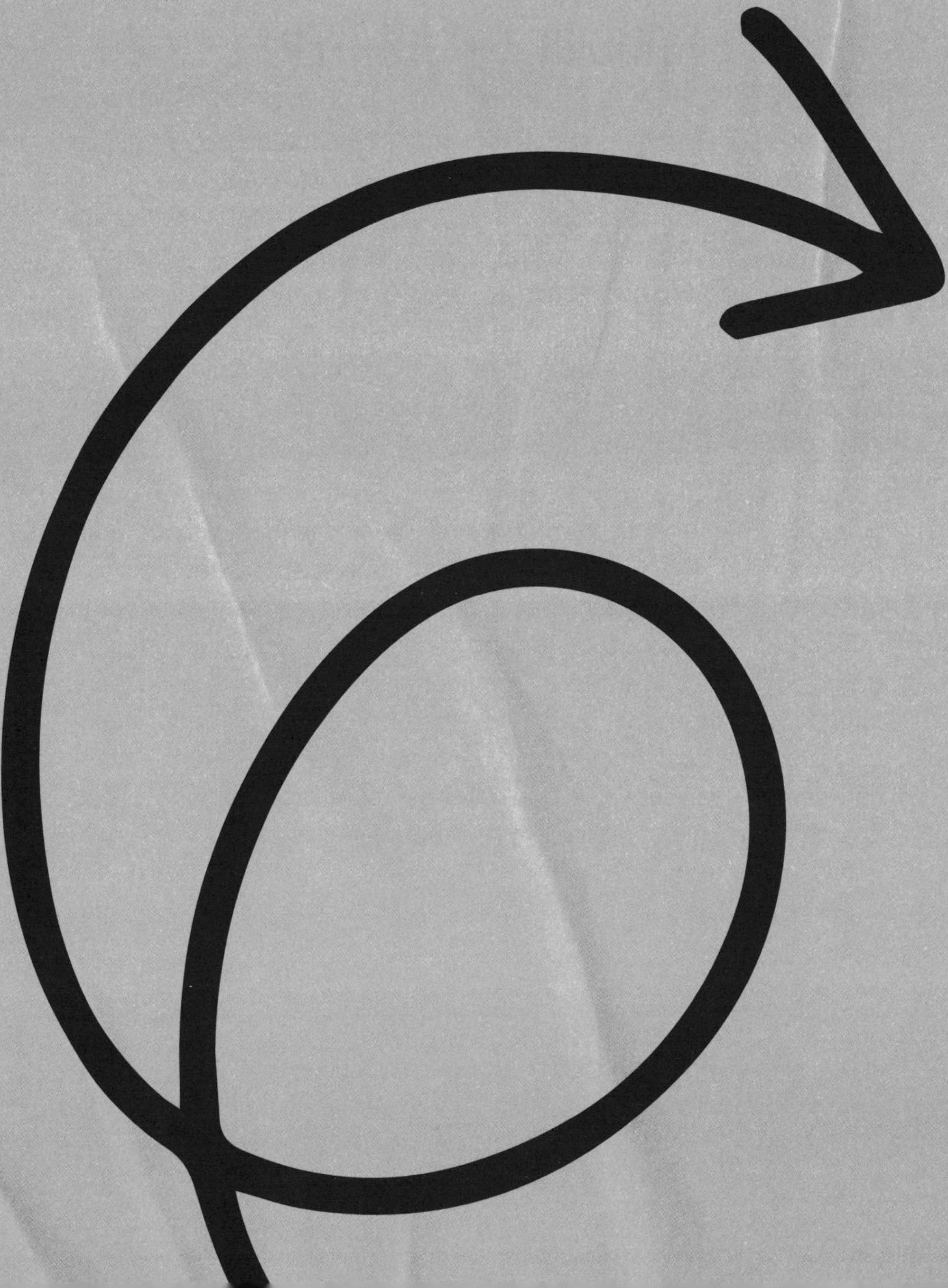

[capítulo 2]

MARCAS QUE SÓ QUEREM ME USAR

> O marketing é como um velho amigo que chama você para sair só para pedir um favor.
> ANÔNIMO

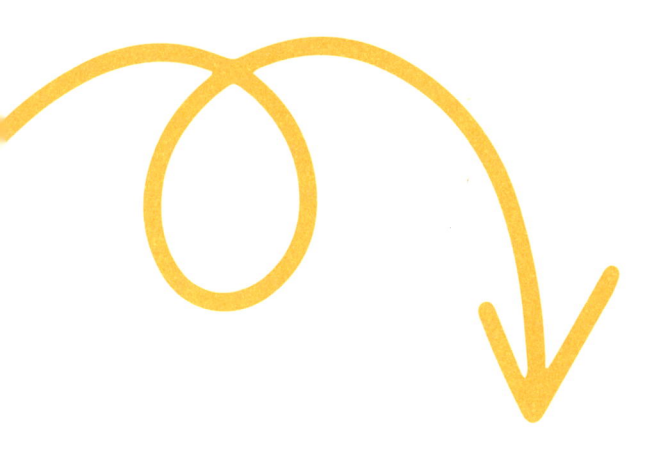

Você já conheceu alguém muito famoso pessoalmente? Outro dia, Bernardo me contou uma história interessante. Ele mora em uma cidade do interior e, uma vez, cortando o cabelo na barbearia, acabou dando de cara com o apresentador principal do telejornal local. Ficou com aquela sensação interessante que temos quando esbarramos com uma celebridade. Tentou fazer o máximo para ser simpático com o jornalista, elogiou algumas matérias do programa, perguntou dos bastidores e mostrou interesse pelas histórias. Entre uma tesourada na franja e outra na nuca, percebeu que eles já estavam papeando há trinta minutos. Saiu do salão com um sorriso que não ia embora.

Bernardo chegou em casa se gabando para a esposa Fabiana: "Você não vai acreditar quem me passou o número do celular!". Ele ficou impressionado com a simpatia do apresentador, que perguntou várias vezes sobre a sua família e insistira para que as esposas se conhecessem. Esse "carro da amizade" avançou de 0 a 100 muito rapidamente e, em dois dias, o jornalista mandou uma mensagem convidando "Be e Fabi" para irem jantar na sua casa. Uau! Bernardo nem estava acreditando.

Já pensou se você encontrasse o William Bonner na oficina mecânica e acontecesse isso? Como você se prepararia para esse encontro? Fabiana foi rápida em dar uma pesquisada na vida dos anfitriões. Descobriu que eles tinham dois filhos pequenos, então preparou um presentinho. Viu que a casa deles era bonita, então caprichou no visual. Bernardo também se arrumou e assistiu a alguns episódios antigos do telejornal para ter assunto nas conversas.

No dia marcado, eles chegaram no horário combinado e, com o coração acelerado, tocaram a campainha. Ding dong! A porta foi aberta pela esposa do jornalista, extremamente simpática. Ela estava muito feliz com a presença de Fabiana e Bernardo. Deu um abraço caloroso e os convidou para irem até a sala. E foi durante esse percurso de dez passos que o carro, que estava quase voando, deu um cavalo de pau e eles perceberam algo estranho: a sala estava cheia de gente. E, no mesmo ritmo da escalada de notícias do telejornal, perceberam o que realmente estava acontecendo. Bernardo e Fabiana não foram chamados para um jantar, mas para uma sessão de demonstração de cosméticos de uma marca que usa práticas de marketing multinível (o famoso esquema de "pirâmide"). Deveriam rir ou chorar? Comprar um hidratante ou ir embora? O gosto na boca era de minhoca... como aquele que o peixe sente quando é fisgado no anzol do pescador. Esse jornalista era realmente muito convincente! E foi assim que Bernardo e Fabiana entraram para um seleto grupo de pessoas que nunca mais parou de receber mensagens com ofertas de antirrugas.

Isso já aconteceu com você? Quem nunca comprou um produto em um site desconhecido e recebeu algo totalmente diferente do anunciado? Quem nunca atendeu uma ligação em que uma voz fala "Alô, alô" e, segundos depois, outra voz aparece oferecendo uma promoção imperdível? Quem nunca foi abordado por uma pessoa de terno, muito simpática, perguntando se poderia nos fazer um "convite"? E quem nunca clicou, sem querer, em um anúncio que fazia de conta que era um aviso no seu celular? Seria cômico, se não fosse marketing. São coisas assim que fazem o Hulk que mora dentro de nós ficar verde de raiva dos marketeiros. E acabamos generalizando todo mundo que trabalha com vendas como larápios, enganadores, interesseiros, oportunistas capazes de tentar me vender lenços no velório da minha mãe por um preço dez vezes mais caro do que o normal (alguém duvida?).

Sabe aquele amigo que sempre está precisando de dinheiro, que sempre está com problemas, que sempre está lhe pedindo um favor? Às vezes parece que o marketing é assim. Ele sempre está chamando você para comprar algo, para assistir a um vídeo, para responder a uma pesquisa. Ele nunca está satisfeito. Ele sempre quer mais. E o que é pior... ele é muito bom nisso. Ele sabe o que chama a sua atenção, sabe o que convence você e é insistente. Ele usa todas as técnicas possíveis, usa a psicologia, usa a emoção, usa a sedução. **Chief Marketing Officer ou Chief Manipulation Officer?** Tem gente que tem dúvidas do que a sigla CMO realmente significa.

SEGREDOS OCULTOS DO MARKETING

Se você está iniciando nesse assunto, preciso lhe contar um segredo. Não sei como contar isso para você sem assustá-lo, mas preciso falar: existe um mundo que talvez você não conheça.

Aquela churrascaria não coloca pão de queijo na mesa porque quer agradar você; eles estão tentando fazer você comer menos picanha no rodízio.

Os amaciantes que estão no maior corredor do supermercado não foram colocados ali por acaso. Muito menos os produtos que estão no encarte ou no aplicativo em promoção. Na verdade, até o espaço que cada xampu ocupa na prateleira revela uma negociação.

A cor da chuteira do seu ídolo, a posição do manequim na vitrine do magazine, o bordão que o político fica repetindo na campanha, aquele cheirinho gostoso na loja de pijamas, a cor do botão que aparece para você clicar naquele site com um lançamento de um curso. É TUDO calculado, planejado para influenciar você. Até aquela bexiga colorida que seu filho ganhou na livraria.

DESMARKETIZE-SE

Duvida? Então se segure na cadeira: um estudo comprovou que quando um restaurante entrega uma balinha junto com a conta para o cliente, as gorjetas aumentam 3%. Se entregar duas balinhas, elas aumentam 14%. E se o garçom deixa apenas uma bala e depois volta entregando mais uma dizendo que fez isso porque o cliente é muito especial, terá 23% mais gorjetas. Isso acontece porque temos um gatilho mental de reciprocidade. Toda vez que alguém nos faz um favor, naturalmente nos sentimos na obrigação de retribuir. Esse é apenas um dos muitos casos publicados no interessante livro *As armas da persuasão*, de Robert Cialdini.[14]

Coisas de que marketeiros sabem. E usam o tempo todo.

Lembra-se daquele prédio recém-construído que está com uma placa "últimas unidades"? Ou aquela escova de dentes "mais recomendada pelos dentistas"? Ou a promoção de "primeiro mês grátis" do novo serviço de streaming? Cada um está tentando seduzi-lo de uma maneira diferente. São anzóis preparados especialmente para fisgar.

Você acha mesmo que tem outras "catorze pessoas pesquisando o mesmo hotel que você neste momento" e que há "apenas mais um quarto disponível" na categoria que você está procurando? Esse é o famoso impulso causado pela sensação de escassez.

Eu mostrei esse texto para cem especialistas de marketing e 95 concordam comigo. E você, também concorda? Veja que pressão coloquei nos seus ombros agora, apenas por mencionar que tenho uma suposta comprovação social das minhas ideias. É isso que algumas propagandas conseguem fazer.

Em cada um desses exemplos, usei princípios de influência que estudamos. Talvez você ache que saiba fazer marketing sozinho e que tudo não passa de bom senso. Realmente todos temos um "minimarketeiro" em algum lugar dentro do nosso peito. Mas... se a sua filha tivesse sido raptada por uma quadrilha experiente, você

---

[14] CIALDINI, R. B. **As armas da persuasão**: como influenciar e não se deixar influenciar. Rio de Janeiro: Sextante, 2012.

preferiria que a negociação com o sequestrador fosse feita por você (usando toda a sua habilidade adquirida ao longo da vida) ou por um negociador profissional do FBI? Sim, sabemos negociar com a cunhada sobre o menu do almoço do sábado, mas isso é muito diferente de conseguir convencer milhares de pessoas a consumir os seus produtos.[15]

MARKETEIRAS E MARKETEIROS

"Marketeiro." Esta palavra parece que foi escrita com pimenta. Muitos profissionais de marketing preferem não ser chamados assim, porque ela remete a um entendimento jocoso da profissão — um legado provavelmente causado pela popularização do trabalho dos marketeiros políticos no final do século passado. Mas será mesmo que isso afeta a reputação desse serviço? Incluímos na pesquisa que fizemos com a Provokers um comparativo de percepção entre profissões. Eu sei que há bons e maus profissionais em todas as áreas, mas, no geral, você confia mais em um bombeiro ou um marketeiro? Deixaria todo seu dinheiro guardado com um vendedor de carro usado ou com um profissional de marketing? Acredita mais nas palavras de um feirante, de um professor, de um médico, de um policial ou de um político? A seguir está o resultado:

---

[15] BRANCO, J. Segredos ocultos do Marketing. **UOL**, 6 jan. 2021. Disponível em: https://economia.uol.com.br/colunas/joao-branco/2021/01/06/segredos-ocultos-do-marketing.htm. Acesso em: 3 ago. 2023.

DESMARKETIZE-SE

Reputação de cada profissão – % de pessoas que avaliam cada profissão com uma reputação excelente:

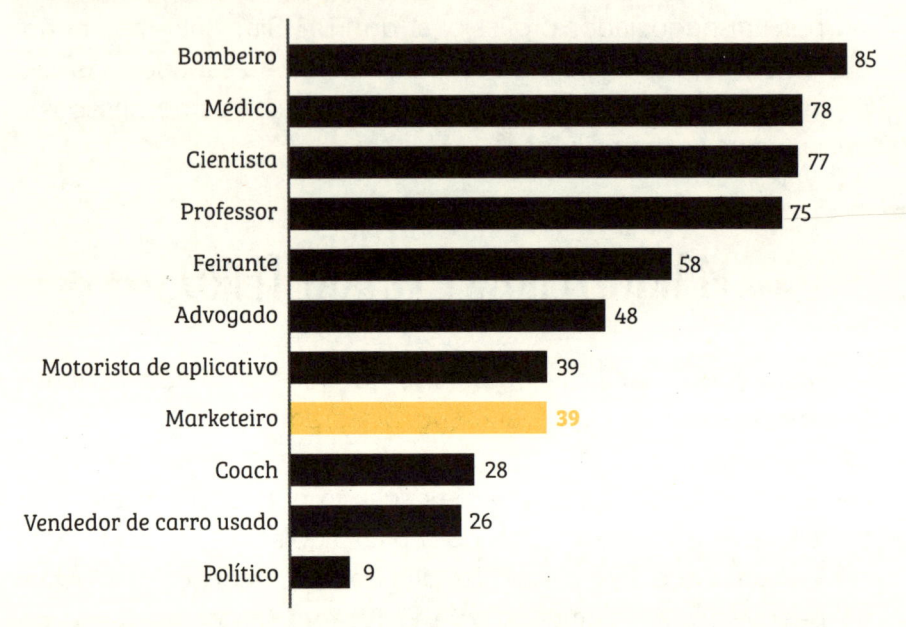

Profissão	%
Bombeiro	85
Médico	78
Cientista	77
Professor	75
Feirante	58
Advogado	48
Motorista de aplicativo	39
Marketeiro	39
Coach	28
Vendedor de carro usado	26
Político	9

"Usando uma escala entre 0 e 10, como você avalia a reputação de cada uma dessas profissões?" Os números desse gráfico refletem a porcentagem de pessoas que deu notas entre 8 e 10 para cada uma das opções. Ou seja, **apenas 39% dos brasileiros acham que marketeiros têm uma ótima reputação.** Levamos uma surra dos bombeiros. Perdemos para feirantes e advogados. Estamos ali, no mesmo nível dos motoristas de aplicativos. "Orgulhosamente" acima dos *coaches* e vendedores de carros usados. E aliviados por estar bem acima dos políticos – o caso mais extremo da nossa sociedade. Depois dessa, preciso começar um novo trecho do capítulo para retomar o fôlego.

BOM DIA, MARKETING

Acordar, nos dias atuais, significa dar um bom dia para propagandas. Não é exagero: 80% das pessoas mexem no celular nos primeiros minutos após abrir os olhos pela manhã[16] e provavelmente dão de cara com.... notificações de aplicativos, mensagens com promoções e e-mails com "convites" imperdíveis. O seu dia começa com essa faxina.

Você abre o navegador e clica em uma notícia para se atualizar e já começa a ser bombardeado por pedidos para aceitar cookies, contar a sua localização e permitir avisos. Quando consegue desviar disso tudo, uma propaganda explode na tela com uma oferta de pacote de viagem. Quando você finalmente localiza onde deve fechar o anúncio para conseguir ler a notícia, o site bloqueia a tela lembrando que esse texto é exclusivo para assinantes e lhe oferece uma incrível assinatura que começa por 1,99 reais por mês (mas aumenta para 99,99 reais se você esquecer de ligar para uma central que demora duas horas para cancelar a sua conta).

Então, você desiste e tenta fechar o navegador. Mas ele ainda abre uma última mensagem perguntando se você realmente "quer continuar desinformado?". Antes mesmo que você termine de ler a frase, uma janelinha de chat surge, com um bonequinho em 3D acenando com a seguinte mensagem: "Olá, Error 404!, posso ajudar a transformá-lo em uma pessoa que toma melhores decisões?".

A quinta-feira mal começou e você já está cansado. Bom dia, mundo; bom dia, propaganda.

É FÁCIL GOSTAR DE COMPRAR, MAS É DIFÍCIL GOSTAR DE QUEM VENDE

Vamos fazer de conta que você precisa ir a uma sapataria. Você precisa de um tênis novo, simples, nada muito sofisticado.

---

[16] ALWAYS connected: how smartphones and social keep us engaged. **IDC Analyze the Future**, 2013. Disponível em: https://www.nu.nl/files/IDC-Facebook%20Always%20Connected%20(1).pdf. Acesso em: 5 ago. 2023.

DESMARKETIZE-SE

Seu objetivo é praticar exercícios físicos nas horas vagas para compensar os churrascos do final de semana, que estão pesando na consciência e na balança. Bastam dois segundos em velocidade reduzida na frente da vitrine de sapatos para que um vendedor "brote do chão" e queira "laçá-lo" para dentro da loja. Você diz que precisa de "um tênis para..." e, antes mesmo de terminar a frase, já começa a receber sugestões, dicas e informações técnicas dos últimos lançamentos.

Você tenta de novo: "Na verdade, eu queria...", e o vendedor imediatamente pergunta o número do seu pé. Enquanto você responde, ele o ajuda a sentar no banquinho e sai correndo. Em quatro minutos está de volta equilibrando uma pilha de quinze caixas. Você tenta explicar que "precisa de um calçado para iniciantes em...", mas o atendente está determinado: "É melhor provar!", "essa promoção começou hoje", "esse é o último par do seu número", "acabei de vender um desses para uma famosa", "consigo parcelar em cinco vezes".

Você prova um, dois, três, quatro pares e acaba saindo da loja com um tênis perfeito para caminhar na lua, produzido com materiais reciclados do oceano, por meio de uma tecnologia resistente à radiação solar e ao solo rochoso das montanhas europeias. Sai também com quatro pares de meias e um capacete para a bicicleta que você sequer tem...

Ao caminhar pela porta de saída, você recebe um cumprimento carinhoso do vendedor: "Ótima compra, parabéns!". Por dez minutos você caminha satisfeito no shopping, até que seus passos cambaleiam e sua razão percebe o que aconteceu: você foi usado.

Agora vamos repetir a mesma cena, só que da perspectiva do vendedor. Ele é um rapaz cheio de sonhos. E cheio de boletos. Sofre uma forte pressão da gerente da loja, que está buscando uma meta agressiva de vendas. O mês não está nada bom, nenhuma data especial, nenhuma promoção chamativa. Morno para frio. Já faz duas horas que nenhum cliente entra na loja. Até que finalmente uma pessoa passa pela vitrine. Ela parece indecisa e passeia os olhos por todos os itens.

Você (agora vendedor) está mais do que preparado, sabe conversar, estudou os manuais dos últimos calçados da moda, entende das tecnologias. O alvo está na sua mira. Você é capaz de vender um pacote de gelo para um esquimó em pleno inverno. O cliente talvez esteja buscando algo mais simples, mas a sua meta não vai diminuir por causa disso. Então, a sua missão é empurrar aquilo que tem de mais caro na loja. A gerente também comentou que o estoque dos produtos feitos para andar na lua estava muito alto e que a margem de lucro das meias era ótima. E você também está participando de uma competição: quem vender mais capacetes para bicicleta ganha um bônus equivalente a uma semana de salário.

Por três segundos, você se pergunta se o cliente vai mesmo gostar desses produtos, mas a memória dos boletos e da cobrança da chefe atropelam a sua mente e você vai para cima da venda com o seu melhor sorriso. Parabéns, você finalmente vendeu algo hoje!

Consigo entender perfeitamente o outro lado da moeda. Mas a verdade é que temos um problema estrutural aqui. A loja de calçados não está vazia apenas por causa dos preços da internet. É também porque há muitos clientes sentindo que não valeu a pena ter ido lá. Eles se sentem manipulados e desconfiados. Alguns preferem não ir ao shopping só para não ter que falar com esses atendentes. Gostamos de comprar, mas, muitas vezes, não gostamos de quem está tentando vender. Não acreditamos no marketing. Não confiamos nas propagandas.

A pesquisa feita em maio de 2023 para este livro comprova o que estou dizendo: "De 0 a 10 quanto você confia em propagandas?". 64% dos brasileiros deram uma nota entre 0 e 5. Ou seja, quase dois terços da população tem uma relação negativa de confiança com os anúncios. Esse número fica ainda pior entre os adolescentes e jovens (72%). Tais números levantam um importante alerta: é isso mesmo que queremos? Desconfiança, incômodo, descrédito?

Quando perguntamos aos brasileiros se eles gostariam de mudar algo nas propagandas, existe quase um consenso: nove em cada dez gostaria que elas mudassem em algum aspecto.

DESMARKETIZE-SE

Alguns gostariam de ver menos publicidade, outros querem anúncios mais reais, mais legais ou mais relevantes. Mas quase ninguém prefere que a abordagem atual seja mantida.

O vendedor que empurra um pacote de areia para alguém no deserto não é o melhor exemplo a ser seguido. A verdade é que **o cliente é mais importante do que a venda. E quem fecha uma venda deixando o consumidor insatisfeito perde mais do que ganha.**

O FIM DO PLIM PLIM

Vivemos uma época em que as gerações têm relações e percepções bem diferentes sobre propagandas. Há poucos anos, era comum reunir a família para assistir a uma novela na televisão. O programa começava mais ou menos às 21h30 e esperávamos ansiosamente por esse momento. Entre as histórias e tramas do enredo, éramos "presenteados" com breaks comerciais – um intervalo que muitas vezes começava e terminava com um som de "plim plim". Era o momento de ir ao banheiro, pegar uma água ou assistir aos anúncios dos patrocinadores daquele programa. Esperávamos pacientemente até que os comerciais acabassem para sabermos se aquela atriz ia finalmente encontrar o seu filho na história. Quando o capítulo acabava, aguardávamos até o dia seguinte pelo próximo, que começaria mais ou menos no mesmo horário.

Tente explicar isso para as novas gerações. Tente explicar que no passado tínhamos que torcer para que a nossa música favorita tocasse na rádio e que tentávamos gravar com uma fita para ouvir de novo.

Como assim? Como assim, você não sabe que horas exatamente começa o episódio? Como assim, eu não posso assistir todos de uma vez? Como assim sou obrigado a ver propagandas no meio? Como assim, eu não consigo ouvir a música que eu quiser quando eu quiser? Nada disso faz sentido para eles. São uma geração que

O CLIENTE É + IMPORTANTE DO QUE A VENDA.

@falajoaobranco
DESMARKETIZE-SE

nasceu podendo clicar em tudo, acostumada com conteúdos rápidos, dinâmicos e com possibilidades de pular anúncios.

Para eles, em especial, o **marketing é torturante**. Para eles, em especial, anúncios são "chatices a serem evitadas". Uma pesquisa realizada pela Kantar Millward Brown, em 2018, com consumidores de diferentes idades em 39 países, mostrou que os consumidores mais jovens (entre 16 e 49 anos) são mais propensos a usar a tecnologia para evitar a publicidade, como bloqueadores de anúncios e assinaturas de serviços de streaming sem anúncios.[17]

Agora é o tempo da maratona, assistir a tudo de uma só vez, nada de esperar o outro dia. O que o jovem quer é ir direto ao seu desejo, não quer ter propaganda mediando, ocupando aquele espaço incômodo entre uma pessoa e seu conteúdo preferido. Talvez os adolescentes de hoje não representem muito das suas vendas e isso não pareça tão preocupante. Mas o que acontecerá daqui a alguns anos, quando essa geração representar a maior parte do seu faturamento?

VOU PAGAR PARA O JOGADOR NÃO JOGAR

Como se sentiria um artista se soubesse que as pessoas estão PAGANDO para NÃO verem as suas obras de arte? Já pensou se as pessoas assinassem um serviço para bloquearem as músicas de uma cantora no rádio? E se você fosse um jogador de futebol que as pessoas pagam para não entrar em campo? Algo parece errado, não? Pois é isso que está acontecendo com as propagandas. Preferimos assinar Netflix do que ter breaks comerciais.

---

[17] A PUBLICIDADE entre as gerações – março 2017. **Kantar Millward Brown**, 2018. Disponível em: https://iabbrasil.com.br/wp-content/uploads/2017/08/ESTUDO-KANTAR-MILLWARD-BROWN-ADREACTION-2016.pdf. Acesso em: 3 ago. 2023.

Preferimos pagar Spotify para não ter anúncios entre as músicas. Vou instalar adblockers para não ter banners naquele portal de notícias. Como marketeiro, eu me sinto em um mundo virado de ponta-cabeça.

Mas o que está errado não são os consumidores. Quando fazem isso, eles apenas estão gritando para as marcas: "Essas propagandas são muito chatas, só servem para interromper a minha vida!".

Seja realista: você gosta mesmo daquela resposta automática que a sua empresa posta nas redes sociais? O cliente acabou de compartilhar que está vivendo o momento mais triste da sua vida por causa da experiência que teve com um serviço, e a marca responde: "Sua opinião é muito importante para nós e foi encaminhada ao departamento responsável". Era isso que você gostaria de ouvir nessa situação?

É preciso fazer uma autocrítica, urgente. Nós marketeiros erramos a mão. Se os anunciantes incomodam a esse ponto, consigo entender quem acha que o mundo seria melhor sem os marketeiros.

É O DIGITAL QUE VAI RESOLVER ISSO?

Imagine que você tenha um sonho de ir a um show de sua banda favorita. Você passa anos economizando dinheiro, interagindo com o fã-clube e esperando o show acontecer na sua cidade. Um dia, finalmente aquela oportunidade incrível está a seu alcance e lá está você, amando o fato de que vai poder viver essa tão desejada experiência. Assim que começa o show dos seus sonhos, você fecha os olhos para sentir a canção entrar pelos seus ouvidos e guardar na memória aquele momento inesquecível. Uau, que sensação incrível.

Mas é bem nessa hora que alguém cutuca o seu ombro. Você abre os olhos e dá de cara com um senhor engravatado, com um sorriso armado, lhe entregando um panfleto e falando: "Vossa senhoria me concederia três minutos da sua atenção para apresentar-lhe o lançamento imobiliário do ano da construtora Meu Castelo Ideal?".

DESMARKETIZE-SE

É dessa sensação de inconveniência que estamos falando. Preciso que você entenda que, com o tempo, esse tipo de marketing vai afundar a imagem da construtora Meu Castelo Ideal, não alavancar.

Eu me lembro de quando estava com meu primeiro filho recém-nascido. No desespero de pai inexperiente, tinha dificuldade em fazer o bebê dormir. Muitas vezes, eu pedia ajuda ao YouTube e achava algum vídeo de "trinta minutos de canções de ninar". E lá estava eu na minha missão, com um pacotinho agitado no colo, implorando que ele descansasse. Depois de vinte infinitos minutos de dores nas costas do papai, o pequeno bebezinho finalmente começou a relaxar. E, quando estava prestes a adormecer, a música de ninar foi interrompida... Meus olhos se arregalaram de desespero enquanto entrava um anúncio de delivery de comida, com uma trilha de rock pesado, gritando repetidamente o nome da marca. Quase atirei o telefone pela janela. Já aconteceu com você?

Repare: o problema não é apenas a interrupção, mas o descasamento completo. Quem teve a ideia de colocar uma música alta e agitada no meio de um vídeo de canções de ninar fez igual à construtora no show de música. Você não só não está me ajudando, como está me aborrecendo. E essa nova geração é ainda menos tolerante a isso.

O mundo digital prometeu a propaganda certa, para o público certo, no momento certo. Mas a realidade ainda está longe disso. Ao mesmo tempo em que a tecnologia permite que as marcas tenham acesso a mais informações sobre os seus clientes, para que elas tenham ações mais acertadas, ela também cria a proliferação de spams, anúncios obrigatórios, pop-ups, e-mails indesejados, banners, notificações sem parar etc.

Antigamente, uma marca precisava produzir um belo vídeo para colocá-lo na televisão, e isso era muito caro. Agora, o custo de mandar um e-mail para a sua base de contatos é ridiculamente baixo. Mesmo que apenas 0,1% das caixas postais abram a sua mensagem, ainda vale a pena entupir o correio dos seus clientes com duzentos envios por dia.

De acordo com uma pesquisa realizada pela HubSpot em 2021, apenas 29% dos consumidores confiam em anúncios on-line, enquanto 63% confiam em anúncios impressos em jornais e revistas.[18] Uma pesquisa da eMarketer, de 2019, descobriu que apenas 31% dos consumidores confiam em anúncios on-line, em comparação com 63% que confiam em anúncios em jornais.[19] Existem várias pesquisas pelo mundo com a mesma intenção, e o resultado é muito parecido. O digital parece estar deixando o sentimento do público ainda pior. Era para isso que íamos adotar a tecnologia no marketing?

MARKETING ZERO

Se você estivesse prestes a comprar um apartamento e lhe oferecessem duas opções: uma com "mais marketing" e outra com "menos marketing", qual você escolheria?

Curiosamente, enquanto escrevo este livro fui impacto por um anúncio de um novo refrigerante, o FYS, que se apresenta exatamente dessa maneira. Lançar um produto novo no concorrido mercado de bebidas é um grande desafio. Você sabe como ganhar em um segmento onde uma ou duas empresas têm presença muito forte?

Eu sei. Anote aí.

Eu sei ganhar da Colgate, do Omo, da Coca-Cola, do McDonald's, da Samsung e da Gillette. Não importa que essas marcas sejam fortes e já tenham um altíssimo volume de vendas. A maneira mais inteligente de ganhar delas é esta: comece gerando mais satisfação nos clientes do que essas marcas. E cresça a partir desses clientes.

---

18 THE ULTIMATE List of Marketing Statistics for 2022. **HubSpot**, [s.d.]. Disponível em: https://www.hubspot.com/marketing-statistics. Acesso em: 21 ago. 2023.

19 KATS, R. Consumer Trust Relies Heavily on Reviews and Brand Honesty. **Insider Intelligence**, 4 set. 2019. Disponível em: https://www.insiderintelligence.com/content/consumer-trust-relies-heavily-on-reviews-and-brand-honesty. Acesso em: 21 ago. 2023.

DESMARKETIZE-SE

Você quer ganhar do McDonald's? Faça um restaurante desenhado para que os clientes possam comer com o cachorro de estimação no colo, por exemplo. Esse é um público crescente e que, por questões de vigilância sanitária, não podem satisfazer esse desejo no Méqui. Ou você pode escolher os veganos. Ou os celíacos. Enfim, nenhuma empresa grande consegue satisfazer igualmente a todos os públicos e sempre acaba deixando grupos com necessidades específicas que podem ser melhor atendidos. Para eles, você pode ser a melhor opção.

A propaganda do FYS tenta fazer isso ao se apresentar como um produto com menos marketing. FYS é da Heineken, e essa comunicação foi feita em uma das melhores agências e uma das melhores produtoras do país.[20] Por trás dessa campanha, estão decisões importantes de investimento em uma linha de produção e grandes esforços de distribuição. Ou seja: não foi um tiro no escuro. Essa empresa certamente sabe que existe um público jovem que gostaria de ter um produto com 50% menos açúcar (FYS também entrega isso), mas que preferiria marcas que abusam menos de técnicas marketeiras clássicas. Já imaginou se a moda pega e começarmos a ver refrigerante "marketing zero" nas gôndolas?

Não sabemos se o lançamento será um sucesso, mas o simples fato de uma grande empresa fazer um esforço gigante de posicionamento para se apresentar como uma versão "com menos marketing" – como se isso fosse algo positivo – comprova todo o cenário que estamos prevendo. **O marketing está deixando as pessoas com a sensação de que as marcas só existem para usá-las**.

---

[20] FYS apresenta fórmula e avisa: menos açúcar e menos marketing. **Propmark**, 7 jan. 2022. Disponível em: https://propmark.com.br/fys-apresenta-formula-e-avisa-menos-acucar-e-mais-marketing/. Acesso em: 21 ago. 2023.

MARCAS: POSSO PULAR?

É como se a publicidade fosse algo que eu tenho que suportar para que alguns serviços existam na minha vida. Vou tolerar aquele logotipo horroroso de um patrocinador bem no meio da linda camisa do meu time de futebol do coração, porque com esse dinheiro conseguiremos melhores jogadores. Vou ter que conviver com o fato de que ao show a que fui ontem só tinha uma cerveja que não gosto à venda, porque eles pagaram para a banda vir. Vou ter que fingir que não estou vendo aquele monte de propagandas no meio do meu jogo favorito, porque não quero pagar mais caro por esse aplicativo. Propagandas são ruído, são fricção, são uma dorzinha de cabeça, um barulho de fundo que vou ter que aguentar porque eles estão pagando por parte de algo que estou acessando.

Enquanto o marketing for esse "amigo incômodo", não resolvemos o problema. Se você está contando com a compreensão dos clientes para assistirem a cinco minutos de propaganda para ter direito a trinta minutos de wi-fi grátis, cuidado. A sua próxima geração de clientes é muito menos simpática a isso e pode lhe dar um susto nos resultados.

A razão de práticas assim existirem é uma só: elas ainda funcionam. Sim, ainda é possível você vender muito sendo inconveniente, falso e exagerado. Você ainda consegue faturar alto sendo mentiroso, obrigando os espectadores a fazerem alguma coisa ou repetindo uma mensagem chatíssima mil vezes. Mas fiz questão de escrever "ainda" nas três frases anteriores porque esse marketing está com os dias contados.

Se a sua marca fosse uma pessoa, ela seria alguém para quem eu ligaria espontaneamente para conversar e pedir uma opinião ou seria alguém que me aborda na rua gritando "mãos ao alto"? O marketing que parece marketing faz o cliente se sentir usado, explorado, parasitado. Faz o consumidor se sentir constantemente cortejado por um produto interesseiro, que finge amá-lo mas que quer apenas bater as suas metas de vendas.

DESMARKETIZE-SE

Encerro este capítulo com bom humor, imaginando os votos que um produto para cabelo faria em seu casamento com a sua cliente:

"Eu, frasco de xampu, tomo você, consumidora, como minha legítima parceira comercial. Prometo amá-la, entendê-la e ajudá-la a ficar mais bonita. Prometo estar sempre na sua cabeça, nos bons e maus momentos. Prometo fazer você feliz com a economia quando comprar um frasco extragrande. Acompanhá-la em suas viagens em uma versão para necessaire. Prometo ser fiel e também espero de você uma assídua participação em meu exclusivo programa de fidelidade. Meu amor por você será proporcional às vezes que você me pega nas gôndolas. Por favor continue me comprando eternamente e seremos felizes... **até que o marketing nos separe**.*"*

O MARKETING
QUE PARECE MARKETING
FAZ O CLIENTE SE SENTIR USADO, EXPLORADO, PARASITADO.

@falajoaobranco
DESMARKETIZE-SE

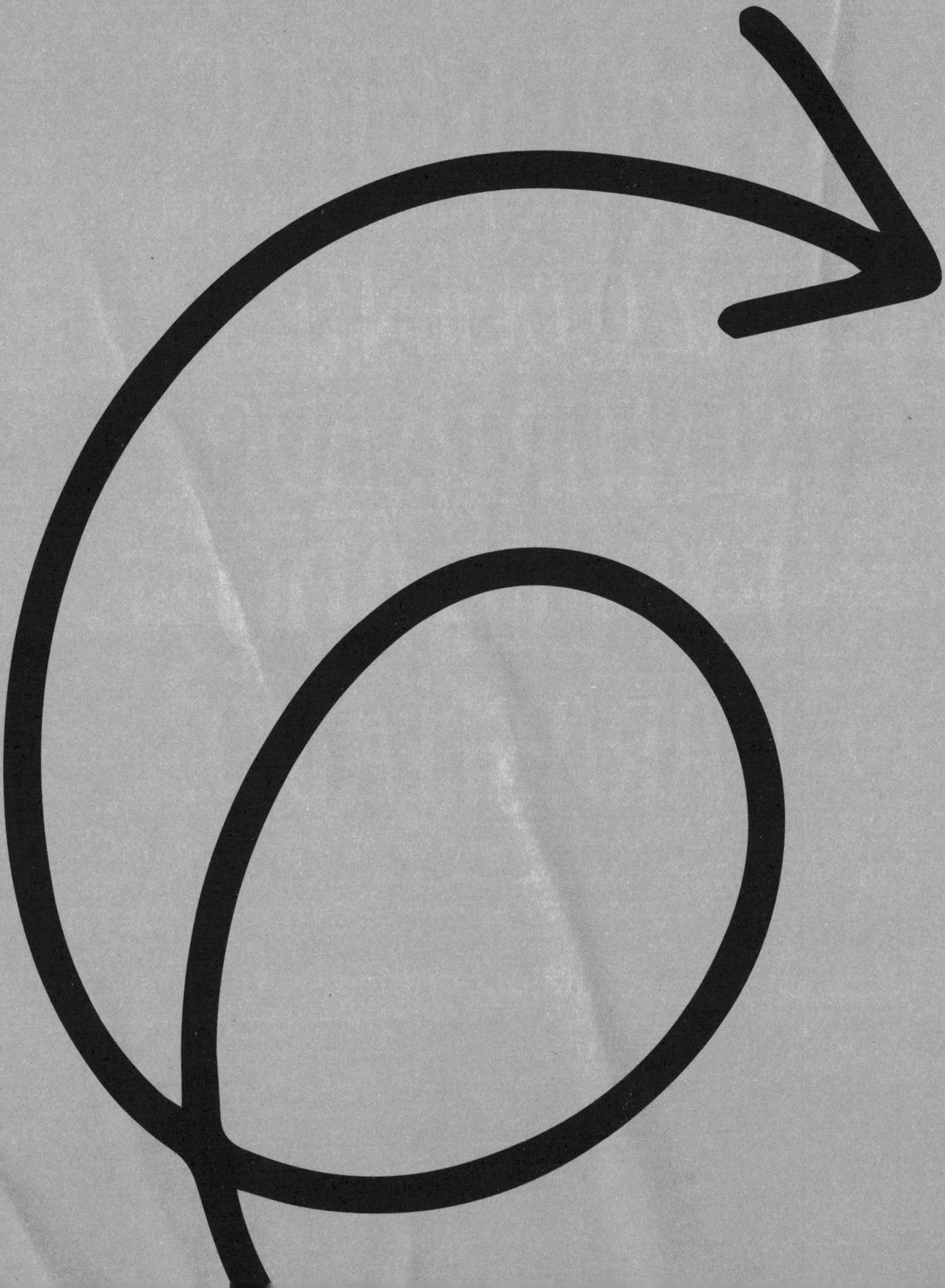

[capítulo 3]

A VERDADEIRA ALMA DO NEGÓCIO

> **Marketing é a expressão do caráter da empresa.**
> REGIS MCKENNA[21]

---

[21] FERREIRA, M. L. Conceito de Marketing. **Administradores**, 22 abr. 2009. Disponível em: https://administradores.com.br/artigos/conceito-de-marketing. Acesso em: 21 ago. 2023.

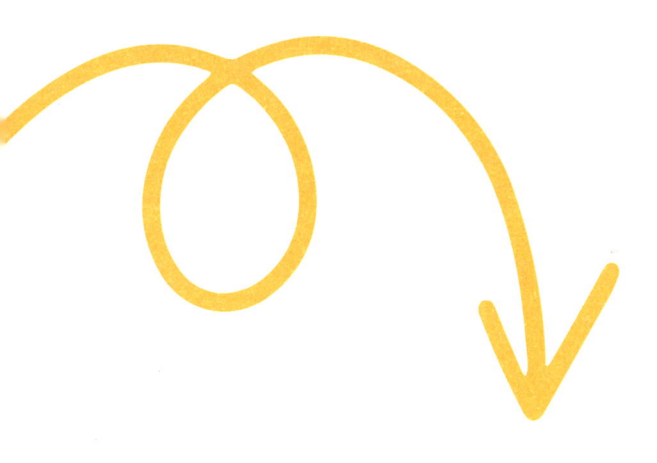

Pense na seguinte situação: você mora em uma rua onde há um pequeno galpão cinza, antigo, mas bem cuidado, normal como qualquer outro. Vira e mexe você vê pessoas entrando e saindo, mas nunca soube o que acontece lá. Parece um estabelecimento comercial, mas não dá para saber o que é exatamente. Se alguém lhe perguntar sobre esse local, sua percepção será muito neutra, quase indiferente – é apenas mais um imóvel qualquer na rua.

Anos passam até que um dia colocam uma placa no galpão: "Cozinha da Vovó Sônia. Aqui se transforma carinho em bolo de cenoura". Aaaaahhh! Então é isso que eles fazem lá dentro? Que legal, temos uma senhorinha cozinheira aqui na rua fazendo quitutes com amor. Só de colocar essa placa sua percepção já muda, não? Que curioso. Aquele lugar comum parece ter virado uma fábrica de coisas gostosas. A construção cinza, simples e totalmente normal ganhou vida, agora transmite sentimentos.

Tempos depois, eles mudam a pintura da mesma construção para algo mais moderno. E colocam uma nova placa: "Robótica para crianças. Despertamos o lado genial dos seus filhos". E agora? Que sensações e percepções você tem daquele espaço? A modernidade chegou ao bairro. Temos um centro de treinamento de "pequenos Einsteins".

Por fim, mais um tempo se passa e você vê uma última mudança no local. Eles deixam o galpão bem colorido e há uma nova placa: "Clínica de tratamento avançado. Carinho e tecnologia para fazer pessoas com deficiência andarem pela primeira vez".

Em cada um desses casos, temos uma relação diferente com aquela construção. O imóvel continuou o mesmo, mas a placa mudou muita coisa. O marketing é capaz de fazer isso.

A PROPAGANDA É A ALMA DO NEGÓCIO?

Quem inventou que "a propaganda é a alma do negócio" não estava querendo dizer que uma empresa não vive sem anúncios, nem que a publicidade é a corrente sanguínea de um empreendimento – isso se parece mais com o seu fluxo de caixa. O que esse ditado popular revela é que a comunicação é capaz de fazer um galpão cinza expressar sentimentos. É na alma que guardamos nossas emoções. E é na comunicação que as demonstramos.

Comunicar é mais do que informar. É contar o que pensamos, mostrar no que acreditamos, revelar nossa personalidade e nossas intenções. É colocar cor, compartilhar o que está no coração, expressar quem a gente é por dentro.

É por meio da comunicação que construímos relacionamentos. Não dá para saber como seu vizinho é de verdade se ele fala pouquíssimo. Conhecemos as pessoas pelo que elas falam e fazem. O mesmo acontece com as empresas e marcas. Quem não comunica nada, ou não o comunica bem, acaba virando apenas um galpãozinho cinza na rua, um que nunca vai despertar interesse.

Mas atenção: a propaganda é apenas a expressão disso. É o que transborda para fora da empresa. É o escrever na placa. **A verdadeira alma do seu negócio não está na propaganda. A alma do negócio está no seu coração.**

MUITA ALMA NESSA HORA

Você pode tentar fazer publicidade "empurrando" um produto. Ou pode tentar mostrar o quanto você se importa com os consumidores

A PROPAGANDA NÃO É A ALMA DO NEGÓCIO.

A ALMA DO NEGÓCIO ESTÁ NO SEU CORAÇÃO.

[@falajoaobranco
DESMARKETIZE-SE]

ao oferecer algo útil e importante para eles. E se conseguir atraí-los por sua essência e seu propósito, vai construir uma relação muito mais profunda, que não vai se abalar se o concorrente oferecer um produto parecido por 5 reais a menos.

Gostamos de nos relacionar com "pessoas", não com coisas. Preferimos "falar com a Lu", e não com o SAC da Magazine Luiza. Preferimos chamar de "Méqui", e não de McDonald's. Mandamos uma mensagem para o Pin nas redes sociais, e não para o Ponto Frio. Não importa se você vai criar ou não um avatar ou uma mascote, mas...

Coloque um microfone na boca dessa marca! Deixe-a se mostrar, contar sua história, suas opiniões. Permita que seus batimentos cardíacos sejam sentidos por todos. Revele suas raízes, seus planos e sua razão de existir. De certo modo, fazer marketing é como construir amizades, conquistar fãs ou reunir uma legião de aliados.

QUE SAUDADES VOCÊ DEIXARIA?

Patrícia é uma estagiária muito dedicada. Ela nasceu em Viçosa, Minas Gerais, mas mudou-se para São Paulo para estudar e trabalhar. Ela agora mora sozinha e aproveita a nova fase da vida, mas frequentemente se pega sentindo muita saudade da família, dos amigos e da vida mineira.

Três anos depois de se mudar e de conhecer coisas legais da capital paulista, descobriu uma lojinha muito especial chamada "Um queijo e um beijo". Um cantinho que vende quitutes mineiros deliciosos. A proprietária se chama Carmélia. Ela também veio de Viçosa e faz questão de contar a história de cada produto que está nas suas prateleiras. "Esse doce de leite é uma receita da família, a gente coloca mais carinho do que leite no preparo", "esse pão de queijo é um *pedacin* de Minas aqui no bairro", "esse café é *bão* demais da conta, tem *gostin* da nossa terra". Patrícia descobriu um oásis. Um lugar para relembrar suas origens, ouvir seu sotaque preferido, sentir o cheiro das manhãs da sua casa e sair de lá com um queijo e um beijo no coração. Não era uma loja de produtos mineiros, era uma experiência de teletransporte de dez minutos para a sua cidade natal.

Quando veio a pandemia, dona Carmélia não conseguiu manter o negócio e precisou fechar as portas. Hoje, naquele ponto comercial está uma loja de capinhas de celular, dessas sem nome, sem música mineira e sem doce de leite. Agora, Patrícia olha para aquele local e pensa: *Que saudades do queijo e do beijo da Carmélia*.

Essa história é para criar uma provocação importante para o seu negócio:

Se a sua loja fechasse as portas amanhã, que falta faria para os seus clientes? Se o seu produto parasse de ser produzido, alguém reclamaria? Se a sua clínica sumisse do mapa, que saudades deixaria no coração das suas freguesas?

Marcas podem despertar sensações, sentimentos, impressões. Mas existe algo que você faz pelo seu cliente que só você pode fazer e que melhora a vida dele em alguma coisa importante. Essa é a real razão de existir do seu negócio. Essa é a saudade que ele deixaria. Essa é a diferença que ele faz no mundo. Essa é a real missão que deveria estar escrita na parte institucional do seu site. Essa deveria ser a maior motivação das pessoas quererem trabalhar com você.

Se os seus consumidores ainda não perceberam isso, é porque você está entregando apenas um objeto para eles. Falta um pouco mais de você ali.

O MCDONALD'S NÃO VENDE BIG MAC

O professor Clayton Christensen,[22] da Harvard Business School, publicou uma teoria muito interessante, chamada "trabalhos a

---

[22] CHRISTENSEN, C. M. *et al*. **Muito além da sorte**: processos inovadores para entender o que os clientes querem. Porto Alegre: Bookman, 2017.

DESMARKETIZE-SE

serem feitos" (originalmente descrita como "*jobs to be done*"). Ele defende a tese de que "ninguém compra uma furadeira". As pessoas, na verdade, não precisam de um equipamento com broca – elas precisam de um furo na parede, precisam de um quadro pendurado, precisam da sua sala mais aconchegante. Christensen quer dizer que todo produto faz, na verdade, um trabalho pelo seu usuário. E é isso o que, no fim das contas, eles estão buscando. Esse modo de pensar é muito poderoso. Qual é o real serviço que você oferece para o seu cliente?

Descobri que o McDonald's não vende pão, carne e queijo. Nem batata frita. No fundo, não é isso que os clientes vão buscar no Méqui. Quando olhava para o salão do restaurante, gostava de imaginar as histórias de cada cliente. Era fácil perceber que ali no canto havia uma mãe recompensando com um McLanche Feliz o filho que foi bem na escola. No outro lado, um casalzinho adolescente que queria ter um momentinho juntos, mas que só tinha dinheiro para um "sandubinha" gostoso. Na ponta da fila, um senhor engravatado, esbaforido, que nitidamente precisava resolver a sua agenda e engolir um almoço em, no máximo, dez minutos. Na maior mesa estava um grupo animado, comemorando o aniversário do Pedro. Vi também uma moça concentrada, preparando um currículo no tablet, aliviada por ter encontrado um lugar com wi-fi liberado. Enquanto ela digitava, entrou no Méqui um trio de russos, com mochilão nas costas e cara de "finalmente vamos comer uma comida conhecida". Tinha ainda uma criança muito animada, carequinha e feliz da vida... seus pais estavam mais felizes que ela, porque finalmente puderam levá-la para o seu passeio favorito após um tratamento bem intenso no hospital. Por fim, ali escondida no cantinho, estava uma moça comendo três Big Macs de uma vez... Mas como assim? Os olhos marejados revelavam que provavelmente ela estava ali para tentar esquecer o ex... Cada uma das pessoas ali pedia uma ajuda diferente. Ninguém, repito, ninguém, foi lá só para comprar hambúrguer.

Isso significa que **o meu trabalho nunca foi vender Big Mac**. E o seu também não é vender um curso, uma apólice de seguro,

A VERDADEIRA ALMA DO NEGÓCIO

um ingresso, um frete, um batom ou um conserto no encanamento. O que você faz é oferecer uma ajuda para alguém que precisa deixar a sua vida um pouquinho mais fácil, gostosa, bonita, prática, econômica, legal, com menos dor... e precisa de você para isso.

> Ninguém quer comprar o seu produto. Seus clientes querem o que o seu produto faz para melhorar a vida deles. É bem diferente.

Se até uma rede de lanchonetes que entrega apenas um saquinho com batata frita na mão de uma família consegue construir em cima dessa ideia, imagine você. Tenho certeza de que você causa um impacto ainda maior na vida dos seus clientes. Você tem um salão de beleza? Suas clientes saem da sua loja literalmente diferentes de como entraram. Você dá aulas de inglês? Imagine seus alunos conseguindo novas oportunidades de emprego, aproveitando viagens e expandindo seus horizontes por causa do que você lhes ofereceu. Você é uma advogada, um consultor, dentista, detetive particular, massagista? Acho que já deu para entender que aquilo que você oferece faz mais diferença do que você imagina.

NÃO DÁ PARA FAZER MARKETING DE COSTAS PARA O CLIENTE

"Na maioria dos negócios, o cliente é quase a prioridade".[23] Essa frase forte foi dita por Herb Kelleher, CEO da Southwest Airlines,

---

[23] FREIBERG, K.; FREIBERG, J. 20 reasons why Herb Kelleher was one of the most beloved leaders of our time. **Forbes**, 4 jan. 2019. Disponível em: https://www.forbes.com/sites/kevinandjackiefreiberg/2019/01/04/20-reasons-why-herb-kelleher-was-one-of-the-most-beloved-leaders-of-our-time/?sh=71f62981b311. Acesso em: 21 ago. 2023.

e reflete exatamente o mesmo sentimento que tenho quando falo com alunos, empreendedores ou empresárias. Todo mundo sabe da importância do consumidor. Todo mundo já ouviu falar do conceito de "cliente no centro". Todo mundo tem um SAC. Mas alguma coisa acontece no dia a dia fazendo com que essa "pecinha" tão importante nesse tabuleiro seja deixada de lado.

Ouvir clientes dá trabalho. Com frequência, satisfazê-los parece missão impossível. Eles criticam muito e elogiam pouco. Clientes são quase um "mal necessário" na vida de muitos donos de negócio. O mundo digital trouxe algo que ajudou muitas empresas: a possibilidade de alcançar novos consumidores. E trouxe também algo que elas adoraram: a possibilidade de não ter que falar com eles. Você está usando a tecnologia para facilitar a vida dos clientes ou para tirá-los do seu campo de visão?

Cuidado. Seu cliente tem uma coisa que vale mais que dinheiro: a própria opinião sobre o seu produto. Se você quer tirar um conselho valioso deste livro, provavelmente o maior tesouro que tenho para lhe entregar é esse: **escute MUITO mais o seu público**. Se você tem recursos, invista em pesquisas. Se não tem, faça uma coisa hoje mesmo: ligue para dez pessoas que compram o que você vende e pergunte francamente para elas: por que você vem à minha loja? O que fazemos por você que você mais gosta? O que você acha do nosso serviço? O que não podemos parar de fazer? O que faria você gostar ainda mais de nós? Eu tenho certeza de que você vai receber pérolas.

Opiniões isoladas são apenas opiniões isoladas e devem ser descartadas. Mas, quando você começa a fazer esse exercício constantemente, entende coisas que não entendia. Repare: há grandes chances de que os argumentos que você vai ouvir sobre o que faz bem sejam o que os seus clientes percebem como o seu maior diferencial. Talvez você esteja tentando comunicar para todo mundo que o seu pastel é feito com massa integral, com trigo sustentável, que você troca o óleo a cada duas horas e que usa uma receita secreta no tempero. Mas, quando pergunta aos seus clientes mais fiéis o que eles amam, eles dizem: "Adoro o seu pastel porque ele é 'recheadão'!". Uma hipótese muito forte foi levantada agora de que, provavelmente, se você focar seus esforços de marketing no "megarrecheado", vai convencer com mais facilidade outras pessoas parecidas com os seus clientes a se tornarem fãs do que você oferece.

Eu sei que você ama o que vende. Você conhece a história da sua marca. Você talvez tenha até criado esse nome. Pode ser que você tenha sido contratado para cuidar de um produto e, na primeira semana de trabalho, recebeu informações tão legais sobre ele que se apaixonou. Agora você sabe tudo sobre a história, o processo de fabricação, a origem, a longa lista de benefícios. Você é capaz de convencer qualquer um a comprar o seu serviço se tiver trinta minutos para conversar. Mas você não tem esse tempo com as pessoas. O que fazer? O jeito mais eficiente para resolver esse dilema é entender quem são os seus potenciais clientes e do que eles precisam. Por isso reforço: **não dá para fazer marketing bem-feito de costas para o cliente**.

É impossível agradar profundamente o seu consumidor olhando apenas para a fábrica, a cozinha, a oficina, o produto. Seus olhos precisam estar no usuário, no consumidor, no comprador.

CLIENTE NO CENTRO, DE VERDADE

"O que você faria se tivesse uma meta de dobrar as unidades vendidas do McLanche Feliz apenas com o que você sabe hoje?" – muitas vezes fiz essa pergunta em entrevistas de emprego. Não é pegadinha, nem uma pergunta que tem apenas uma resposta certa. Mas esse exercício é capaz de identificar as pessoas que pensam como marketeiros. Profissionais experientes de marketing sempre começam a responder baseados nos consumidores. Pela lógica, se eu reduzir o preço pela metade, tenho boas chances de vender o dobro. Essa seria a resposta de um vendedor, por exemplo (um financeiro também conhece esses

NÃO DÁ PARA FAZER
MARKETING BEM-FEITO
DE COSTAS PARA O CLIENTE.

[@falajoaobranco
DESMARKETIZE-SE]

princípios econômicos, mas jamais responderia isso). Mudar os brinquedinhos com mais frequência, lançar novidades no cardápio, divulgar mais ou fazer uma promoção, por exemplo, são ferramentas que também podem aumentar a demanda. Quem começa a resposta por aí, geralmente ainda não chegou aonde queremos. Mas quem tem pensamento centrado nos clientes sempre começa por eles.

Nessa ótica, só há duas maneiras de dobrar as unidades vendidas de um produto: ou convenço novos clientes a comprá-lo, ou convenço quem já compra a comprar mais. O certo seria entender melhor esses cenários, mas, se tenho que responder apenas com o que sei, começo a formar hipóteses: "Vou assumir que vocês já vendem McLanche para muita gente, mas que pouquíssimas crianças comem McLanche Feliz mais de duas vezes por mês. Que tal dar um "vale + 1 sorriso" com 50% de desconto para uma compra nos próximos sete dias?". Não sei se as contas fecham, não sei se isso quebra a barreira de consumo nem se vai funcionar. Mas o pensamento começou no cliente, seu hábito, suas necessidades. Isso é ser centrado no cliente. Imagine se todas as suas decisões importantes de negócio começassem assim?

> Colocar o cliente no centro é pensar primeiro na PESSOA que está sendo servida, é lembrar que do outro lado da tela, do balcão ou do contrato existe um ser humano.

Adaptando o que pensa Seth Godin,[24] a ideia não é encontrar clientes para os seus produtos, mas encontrar produtos para os

---

[24] GODIN, S. **Isso é marketing**: para ser visto é preciso aprender a enxergar. Rio de Janeiro: Alta Books, 2019.

seus clientes. Pense a partir deles. O jogo do marketing, no longo prazo, sempre é ganho por quem entende melhor os consumidores.

A verdadeira alma do negócio está em alguém que não apenas entende a pessoa para quem vai vender algo, mas que se importa realmente com ela. Importa-se tanto a ponto de servi-la. E faz disso o seu serviço diário. Esse é o seu trabalho.

Clientes repetem experiências prazerosas, lugares afetivos, contatos que sentem confiança, e, sobretudo, momentos em que são vistos e tratados como alguém que importa para os outros no entorno. Clientes recompensam o cuidado que recebem.

Tudo tem início na intenção de quem faz, vende, serve. As intenções importam, e muito. Porque as pessoas percebem e, mesmo que não saibam dizer exatamente do que gostaram naquele lugar ou naquele atendimento, sentem a intencionalidade. Quer seja por meio de uma massagem que receberam, quer seja por meio de um doce almejado, ou da peça de um carro que finalmente resolveu um problema que parecia não ter fim. Não importa.

> Todo mundo que trabalha com você e recebe o fruto do esforço das suas mãos, mente e coração, não leva apenas uma tarefa feita... leva um pouco de você. A alma do negócio é justamente aquilo de si mesmo que você entrega ao outro.

EM CADA PRODUTO, UM GESTO DE AMOR

A causa de termos chegado aonde estamos hoje com o marketing não poderia ser mais clara: **vemos os produtos como um meio para enriquecer e não como uma maneira de gerar a satisfação de necessidades do próximo.** Consideramos os clientes como um "mal necessário", e não como uma pessoa a ser servida. Consumidores são pessoas chatas que têm algo que eu quero em seu bolso. Preciso fazer de tudo para "assaltá-los", mas sem cometer nenhum crime. Meu objetivo é explorar, sugar, arrancar o máximo possível deles.

Sim, os clientes são a fonte das receitas do seu negócio. Mas eles são muito mais que isso. Sim, o seu trabalho passa por vender coisas a eles, mas o sentido do que você faz poder ir muito além disso.

Não digo isso como um consultor, um filósofo ou uma pessoa utópica que tem uma visão mais romântica do marketing. Quem está escrevendo essas palavras é alguém que entende muito bem o que é ter metas agressivas de faturamento. Mas **se eu tivesse que resumir em uma frase tudo o que aprendi em nove anos no Marketing do McDonald's eu diria: "O resultado sempre vem quando o cliente ama muito tudo isso".**

O Méqui não é perfeito, assim como o seu negócio também não é. Você com certeza já pediu um delivery que demorou mais do que esperava, já pediu um Cheddar McMelt sem cebola e veio com cebola ou ficou chateado porque tiraram o McFish do cardápio. Mas todas as vezes que eu vi os resultados melhorarem consistentemente, uma coisa aconteceu junto: os clientes ficaram mais felizes. **Você não precisa ser perfeito, você precisa tentar melhorar.** E os resultados acompanham.

> A melhor publicidade, como diria Philip Kotler, é um cliente satisfeito. E o cliente mais satisfeito, como diria João Branco, é o que teve a sua necessidade preenchida por outra pessoa que o serviu com a intenção de amar o próximo. Você está aí para servir, não para vender. "Apaixone-se" pelos seus clientes, não pelo seu produto.

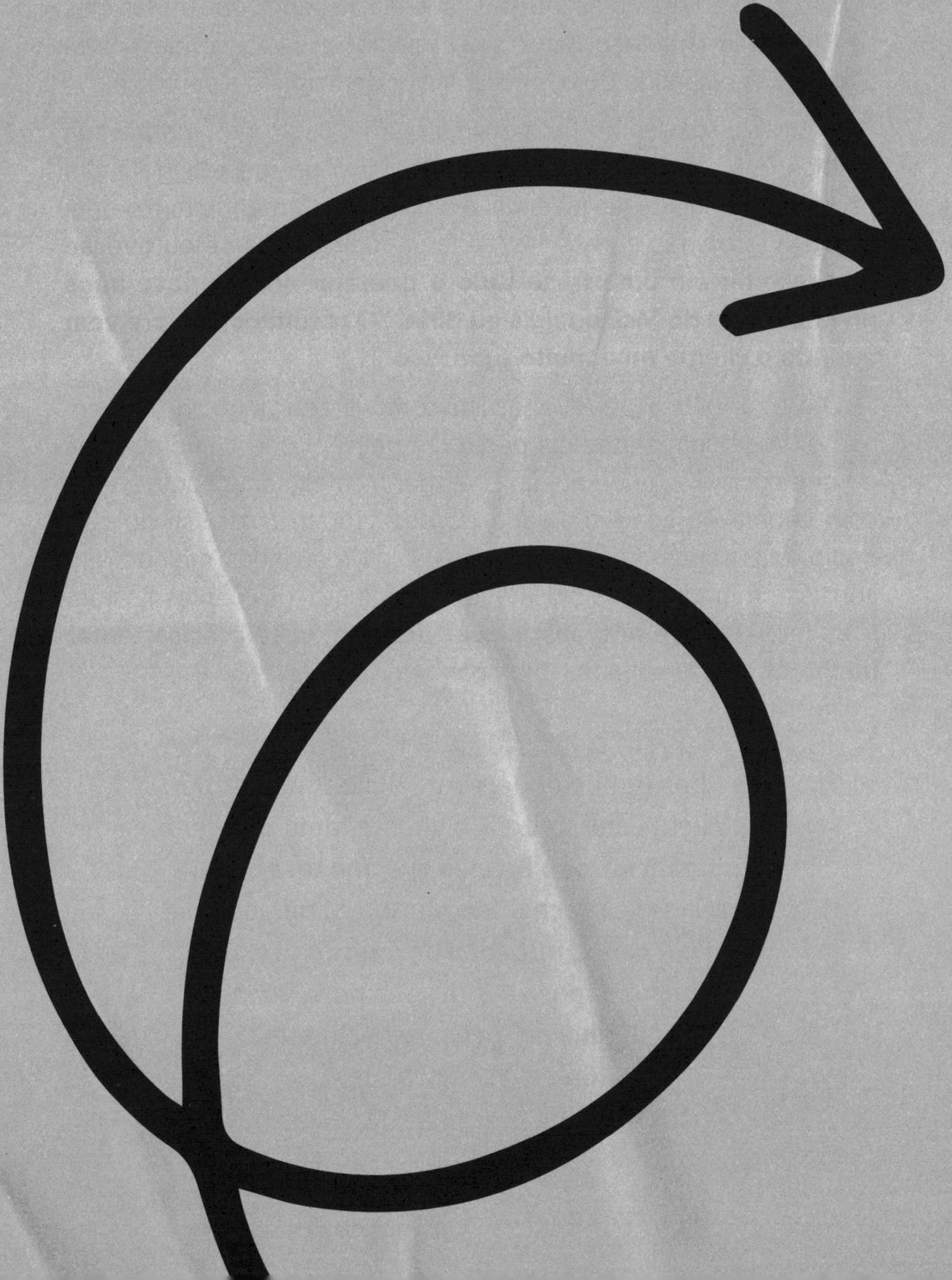

[capítulo 4]

DESMARKETIZE-SE

> **O melhor marketing é o marketing que não parece marketing.**
> TOM FISHBURNE[25]

---

[25] SWINSCOE, A. The best marketing doesn't feel like marketing – Interview with Tom Fishburne. **Customer Think**, 25 out. 2017. Disponível em: https://customerthink.com/the-best-marketing-doesnt-feel-like-marketing-interview-with-tom-fishburne. Acesso em: 21 ago. 2023.

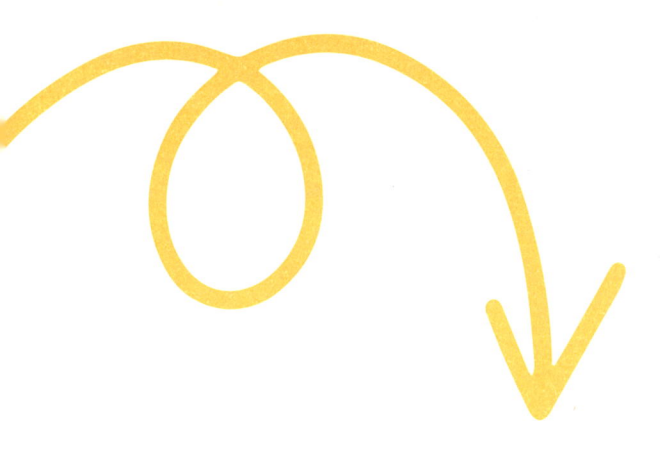

"Precisamos ser mais amadores." A primeira vez que ouvi essa frase, ela bateu estranha nos meus ouvidos. Quero fazer o meu trabalho com excelência, não de qualquer jeito. Quero dar o meu melhor na minha profissão, não fazer as coisas sem técnica, treino e preparo. Como assim, mais amador? Quem me disse isso foi Daniel Wakswaser, vice-presidente de Marketing da Ambev e um dos melhores profissionais da área que eu conheço. A razão é muito simples: a palavra amador vem do latim *amare*, indicando alguém que faz algo por amor.[26] E, nesse sentido, não resta a menor dúvida: precisamos de um marketing que se importe mais com as pessoas, um marketing mais "amador".

Isso não é apenas um capítulo de um livro, é um convite, um aviso, um lembrete, uma dica, um apelo, vindo de um profissional experimentado, que observa claramente uma tendência nas relações entre marcas e pessoas consumidoras: **ninguém aguenta mais as coisas que "parecem marketing"**. Anúncios, interrupções, botões implorando para serem clicados, avisos destacando as qualidades dos produtos, chatices como o carro da pamonha gritando na rua durante uma reunião de trabalho importante. Não digo que essas coisas não atraem venda, mas quem faz isso perde a chance de ter um resultado ainda melhor.

---

[26] WAKSWASER, D. Daniel Wakswaser: Marketing é para amadores. **Exame**, 5 jul. 2022. Disponível em: https://exame.com/colunistas/daniel-wakswaser/daniel-wakswaser-Marketing-e-para-amadores. Acesso em: 4 ago. 2023.

O "velho marketing" não provocará mais os mesmos resultados. A forçação de barra, a compra da atenção, a "perseguição" das pessoas com anúncios, a maquiagem desmedida, o exagero proposital, a falcatrua em forma de comunicação estão com os seus dias contados.

NÃO EXISTE MARKETING CHATO

A crítica deste livro não é à publicidade "chata". Isso seria uma questão muito baseada em gostos pessoais e preferências. **Não existe marketing chato, feio, bobo ou desatualizado. Existe marketing que não funciona, que não traz resultado e que não faz sentido.** Esse é o que precisa ser questionado. E essa é a comunicação que ninguém mais quer ver. Nem os clientes, nem os donos de negócios, nem os CEOs, nem os investidores... nem os próprios gestores de comunicação.

"Metade do investimento de marketing é desperdício, mas não sabemos qual metade" – sempre ouvi essa frase, dita pelo pioneiro das lojas de departamento, John Wanamaker,[27] com uma mistura de sentimentos. Mas há duas boas notícias para os "fiscais de retorno sobre o investimento". A primeira é que o ambiente virtual é muito mais preciso nas atribuições, facilitando encontrar a metade que não funciona rapidamente. A segunda é que as mudanças que aconteceram no mundo da publicidade permitiram que até mesmo os pequenos orçamentos se tornassem muito eficientes. Então tudo caminha para conseguirmos saber muito mais sobre o efeito de cada centavo investido, o que será bastante positivo.

Mas **existe uma coisa que me incomoda ainda mais do que o fato de ainda não sabermos o retorno financeiro exato sobre o investimento. É não conseguirmos ver o seu sentido**. É terminar

---

[27] LINDSTROM, M. **A lógica do consumo**: verdades e mentiras sobre o que compramos. Rio de Janeiro: Harper Collins, 2016.

o ano com a sensação de que despejamos um caminhão de dinheiro nas costas dos clientes, apenas para forçá-lo a comprar algo de que não precisa. É finalizar o ciclo sem ver nenhum valor adicionado, só apelações para bater as metas de venda da semana. É implementarmos projetos para invadir a privacidade das pessoas por puro interesse mercantil. Esse é o tipo de intenção que deixa o marketing vazio. Que afasta clientes, que não traz retorno sustentável e faz os estudantes não quererem trabalhar nessa profissão.

O marketing que só busca "a venda de hoje a qualquer custo" é superficial, interesseiro e transacional. É um esporte de caça em que os clientes são o alvo. É uma modalidade na qual vale tudo pelo faturamento. Ele pode até fazer números crescerem no curto prazo, mas acrescenta pouco valor ao negócio, tem muita dificuldade em provar que valeu a pena e não construiu laços mais profundos com o cliente.

Sua marca não existe apenas para lucrar hoje, mas para fazer uma diferença na vida dos consumidores. E, para isso, ela precisa ser lembrada, querida e construída com muito cuidado.

> Quando uma empresa constrói um vínculo mais profundo com o seu público, ela vale mais. E também dá um sentido muito maior ao negócio.

A digitalização das nossas vidas está abrindo um mundo de novas oportunidades para fazer marketing. Mas também está alimentando um monstrinho que existe dentro de cada profissional que tem metas para bater – aquele que passa o dia todo fazendo cálculo de "custo por impacto" para justificar o investimento. Mas, por mais que a tecnologia esteja facilitando tantas coisas, existe algo que jamais deve ser esquecido: do outro lado do seu trabalho existe um ser humano.

CLIENTES NÃO SÃO LEADS

Clientes não são "arrobas" nas redes sociais, não são linhas em uma planilha, não são endereços de e-mail em sua base de dados, nem números em uma fila de atendimento. Clientes não são placas de carro, apólices de seguro, números de telefone na sua lista de contatos nem usuários de um sistema.

Clientes não são *leads*. Clientes são pessoas. São mulheres, são homens, são jovens, são idosos. São seres humanos que têm necessidades, têm interesses, têm pressa, gostos, têm medos, preocupações, preferências, histórias, dores... e um bolso apertado. Por isso, precisam de ajuda. São pessoas que querem se divertir, se informar, se entreter, aproveitar a vida e que precisam tomar dezenas de decisões diárias quanto ao que fazer para conseguir isso.

Eles não querem saber dos gigabytes e megahertz da rebimboca da parafuseta do seu equipamento eletrônico. Não estão nem aí para as bioceramidas das frutas vermelhas coletadas durante a noite no outono das montanhas. Eles odeiam aqueles mil pop-ups que não param de pipocar na tela. E não estão entrando na sua loja porque a propaganda é legal, porque você é bonito ou porque o preço está baixo. **Eles só estão acessando o seu site, ligando para você ou pedindo um orçamento porque precisam de uma ajuda.**

Tratar pessoas como números é mais fácil. Mas não é o que elas querem. Responder perguntas de clientes com um FAQ dá menos trabalho, mas eles têm outras perguntas para fazer. Obrigá-los a ouvir a sua promoção é bem mais garantido do que torcer para uma boa notícia se espalhar. Mas isso está cada dia mais insuportável. Tudo indica que, se nada mudar o nosso rumo, essas coisas se tornarão tão irritantes que a publicidade será capaz de gerar aversão por uma marca.

CLIENTES NÃO SÃO LEADS.

[@falajoaobranco
DESMARKETIZE-SE]

E SE O CLIENTE FIZESSE QUESTÃO DE PAGAR?

Os internautas estão usando bloqueadores de anúncios. E agora, o que fazer? Tivemos uma ideia! Vamos usar a tecnologia para criar bloqueadores de bloqueadores de anúncios. Que tal? Esse é o racional que parece estar presente na maioria das comunicações que vemos por aí.

Mas a melhor solução está longe de ser essa! Precisamos pensar com outra lógica. A pergunta a se fazer é: que tipo de comunicação eu conseguiria entregar que fosse tão legal, útil e agradável para os consumidores a ponto de eles ficarem felizes até mesmo se tivessem que pagar para vê-la?

Vamos imaginar a seguinte situação: você compra um ingresso para assistir a um filme no cinema e paga 100 reais por isso, incluindo uma pipoca. Na hora de pagar a entrada, eles o avisam: a sessão está marcada para 15 horas, mas, se você quiser, pode pagar 20 reais a mais para assistir a trinta minutos de publicidades e avisos antes do filme. Você aceitaria pagar e chegar meia hora mais cedo para isso?

Essa pode parecer uma pergunta bizarra, mas é justamente aqui que está a mudança que este livro pretende causar. Que tipo de conteúdo uma marca pode colocar no começo da sessão de um cinema que seja TÃO interessante a ponto de o visitante fazer questão de chegar bem cedo toda vez, apenas para não perder essa parte?

Isso não é uma mudança sutil, é uma alteração drástica de uma mentalidade de: "vamos obrigar as pessoas a verem o nosso anúncio" para "vamos servir as pessoas com algo com que elas vão amar ser impactadas".

Adaptando uma clássica frase de Howard Gossage: **"As pessoas não querem ver anúncios, elas querem ver o que lhes interessa. E raramente isso é um anúncio"**. Entenda: o seu cliente do futuro odeia marcas que querem vencê-lo pelo cansaço, usando a "estratégia" da insistência, e fará de tudo para evitá-las.

Lembra-se do exemplo do torcedor que prefere a camisa do time de futebol sem o logo do patrocinador? E se fosse o contrário? Será que existe algo que uma marca possa estampar em um uniforme que faça um torcedor preferir uma camisa na versão com o patrocinador do que sem?

As pessoas estão pagando a inscrição mais cara da Netflix para não terem que ficar recebendo anúncios. Será que seria possível uma marca criar uma "Netflix by marca X" que faça os clientes toparem pagar ainda mais caro por essa versão, por sentirem que essa marca vai deixar a experiência da Netflix ainda mais legal?

Eu não estou sonhando, isso é totalmente possível. Acompanhe meu raciocínio. O que você prefere: uma versão do jogo Fornite gratuita sem a presença de marcas ou uma versão do Fornite que é paga, turbinada pela Nike, com *skins* iradas para os seus personagens? O jogo é legal, mas eu prefiro a versão com a marca, porque com ela ficou ainda mais legal.

O que você prefere: pagar 100 reais para entrar em um parque de diversões genérico com os seus filhos, ou pagar 120 reais e ir a um parque temático com brinquedos e passeios da Lego? Fica claro que é possível achar uma maneira de as pessoas preferirem a versão "patrocinada" de algo quando ela melhora as coisas. **Não é "isso ficou legal, apesar da marca", mas "ficou bem mais legal por causa da marca".**

É incrível o fato de a publicidade que está no intervalo do Super-Bowl (a final do campeonato de futebol americano, nos EUA) chamar tanta atenção quanto o show do intervalo ou até mesmo o próprio jogo.

O que posso fazer para que a parte do "merchandising" de um podcast seja um trecho tão indispensável do programa para o ouvinte que ele vire um corte que viraliza por si só? O que posso fazer para que a publicidade do meu produto entregue, gratuitamente, uma parte dos benefícios que prometo nele? O que posso fazer para que o meu marketing seja tão atrativo a ponto de as pessoas quererem ser amigas e escutarem tudo que a minha marca tem para falar?

ATIVE O RAIO DESMARKETIZADOR

Se a sua marca quer ter muitos amigos, ela precisa socializar. Se ela quer ser amada, precisa mostrar quem ela é. Se ela quer ser preferida, terá que se expor sem barreiras.

Isso não significa que ela precise se posicionar sobre todo e qualquer assunto, nem que seja obrigada a acertar sempre. Mas **se você quer construir uma marca forte nos tempos atuais, precisa entender esse apelo: desnude-se. Demaquile-se. Revele-se.**

A geração de consumidores que provavelmente representará a maior parte do consumo dos seus produtos nos próximos anos busca autenticidade. Querem saber sua missão e suas intenções. Querem ver os seus valores sendo colocados em prática. Querem menos campanhas e mais conversas. Não querem chatice, interrupções ou falsidade. Não querem omissão nem uma relação simplesmente transacional. Eles se apaixonam por ideais, aceitam perdoar e querem o que é de verdade. Eles preferem o imperfeito, porque sabem que também são assim. Querem se ver nas propagandas, se sentir incluídos, respeitados, considerados. Querem alguém que olhe nos seus olhos e que use os dados que eles nos entregam para personalizar as relações, não apenas para chamá-los pelo nome.

Por que tem muito mais gente interessada em tatuar no braço o nome de uma cantora famosa do que o de uma marca? As duas fazem marketing, mas de uma maneira bem diferente. É isso que as empresas precisam aprender.

Entenda o papel da sua marca no mundo. Qual é a real diferença que ela causa na vida dos seus consumidores? Entenda o seu tom de voz. Humanize-a. Reflita os seus consumidores em sua comunicação. Desmarketize-se. Esse é o novo marketing.

COMO FAZER ISSO?

Já avisei que este não é um guia milagroso e confirmo: não trarei uma lista de palavras mágicas que "mudam tudo quando faladas durante o nascer do sol". Essa resposta está, em primeiro lugar, com os seus clientes. Mas vou deixar, nos capítulos a seguir, cinco direcionamentos muito importantes para ajudar você nessa jornada.

Tudo que você aprendeu sobre fundamentos de marketing continua válido. Não se esqueça de oferecer um produto de qualidade, cobrar um preço justo, ser conhecido e estar bem distribuído para que as pessoas tenham acesso e gostem do que você oferece. Mas estou convicto de que o seu marketing vai funcionar cada vez melhor, a partir de agora, se você conseguir melhorar nesses cinco pontos:

1. **No alvo:** você sabe para quem quer vender?

2. **Relevância:** você está fazendo a promessa certa, no contexto certo, com o argumento certo?

3. **Autenticidade:** você está evoluindo a partir da sua origem e da sua verdade, criando conexões reais?

4. **Humanização:** você está se comportando como se fosse um amigo ou como um carro de som da pamonha?

5. **Consistência:** você está constantemente presente na vida dos clientes, com coerência, gerando familiaridade e blindando sua marca com um vínculo mais profundo?

DESMARKETIZE-SE

Vamos dedicar um capítulo para cada um desses temas e aprofundá-los de maneira prática para ajudar você em sua missão de desmarketização.

DEMAQUILE-SE.
REVELE-SE.
DESMARKETIZE-SE.
ESSE É O NOVO MARKETING.

[@falajoaobranco
DESMARKETIZE-SE]

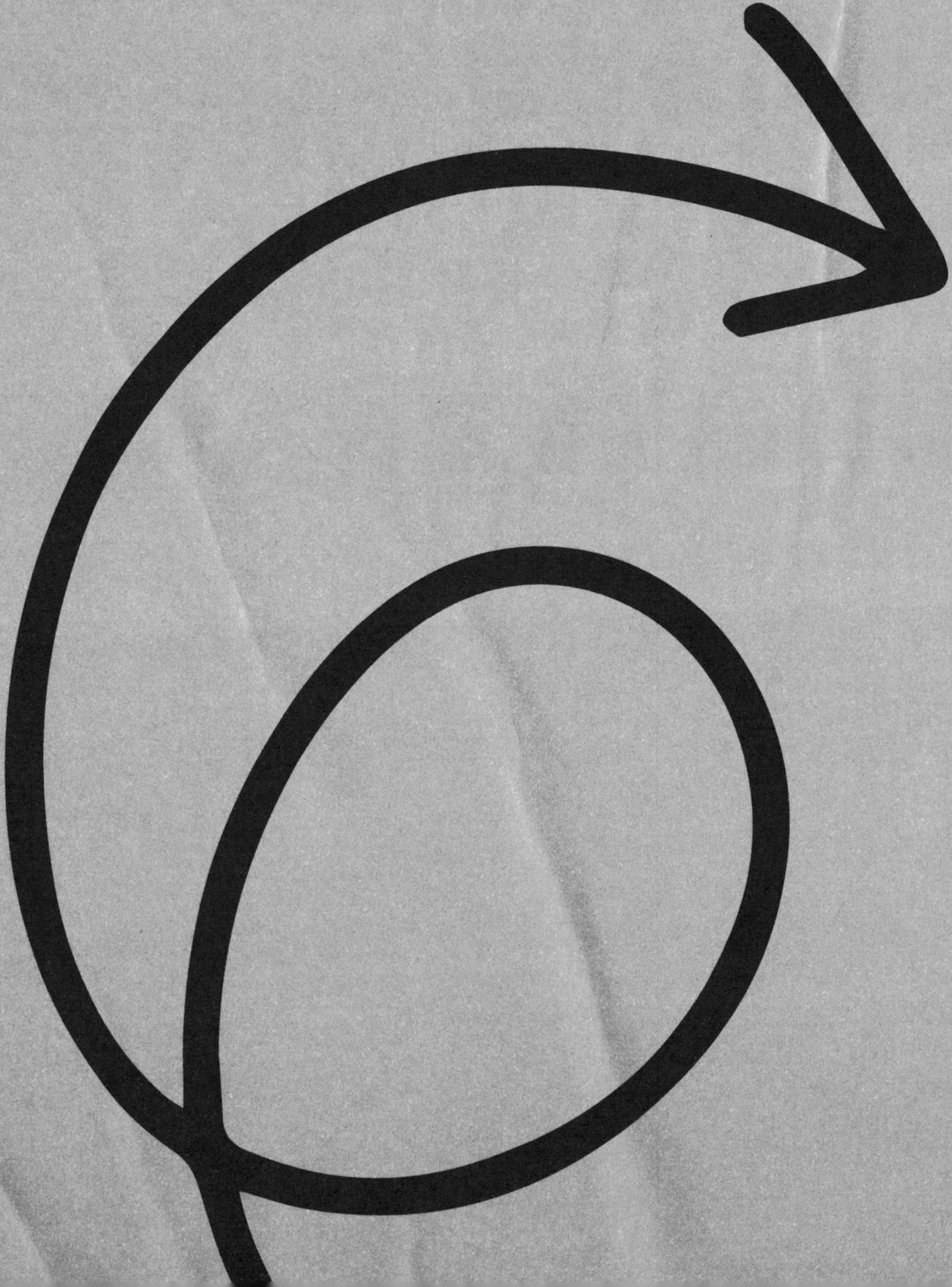

[capítulo 5]

NO ALVO: FALE COM A PESSOA CERTA

> O cliente pode demitir todos na empresa se gastar o seu dinheiro em outro lugar.
> DAVID OGILVY[28]

---

[28] DAVID Ogilvy: a história, livros e frases do maior publicitário da história. **Mestre da Copy**. Disponível em: https://mestredacopy.com.br/david-ogilvy/. Acesso em: 24 ago. 2023.

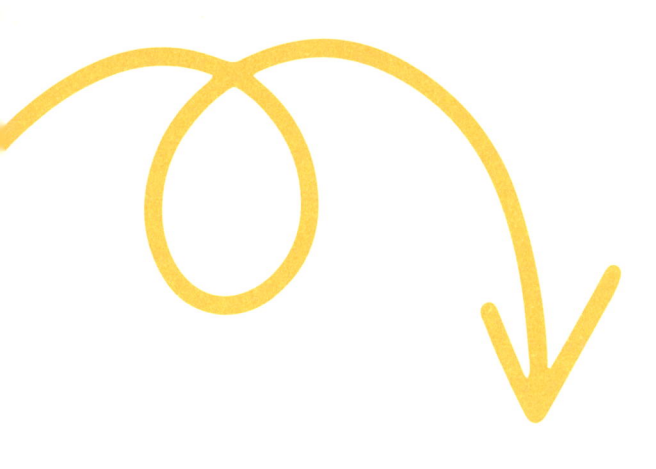

Você acaba de receber uma missão muito importante: precisa comprar uma bolsa de presente para uma mulher que você não conhece. E seu objetivo é garantir que ela vá ficar com o maior sorriso do mundo no rosto. Você não sabe o nome dela, nem onde ela mora, como vai usar esse acessório e muito menos o seu estilo. Mas tem um orçamento de 50 mil reais para deixá-la com o maior sorriso do mundo no rosto. O que você faz?

Sempre que pergunto isso, a maioria das pessoas responde algo parecido: "Eu compraria uma bolsa clássica, preta, tamanho médio e chiquérrima de uma dessas grifes mais famosas". Talvez você tenha pensado isso também, certo? Essa é uma resposta razoável. Ela mistura o nosso "vasto" conhecimento sobre moda com uma forte premissa de que "todo mundo gosta dessas bolsas de luxo" somada a um sentimento de "estou dentro do orçamento que me foi dado" e acompanhada pelo medo de arriscar em uma resposta muito excêntrica. É a solução mais fácil. Mas será que é a melhor?

Vou lhe contar um segredo: eu conheço a mulher para quem você vai dar a bolsa. Como a maioria, ela também vai ficar feliz em receber esse presente valioso que você escolheu. Mas ela é uma pessoa que tem gostos peculiares, e a verdade é que, para deixá-la com o maior sorriso do mundo no rosto, você deveria ter dado a ela uma bolsinha artesanal, feita com fibras de coco, que é vendida por 100 reais na feirinha da praia. Pois é... você acabou de saber que desperdiçou um orçamento gigante, e por uma única razão: você não conhecia direito a bendita da pessoa que estava tentando satisfazer.

Consegue perceber alguma similaridade com o seu negócio?

Todos os dias jogamos no lixo um monte de recursos. Oferecemos descontos para quem não precisava. Anunciamos produtos para quem não quer comprá-los. Lançamos novidades que não eram exatamente as que os clientes esperavam. Incrementamos serviços desnecessários no que oferecemos. Insistimos em tentar convencer alguém que nunca será um cliente assíduo. Colocamos "espaço pet" em um hotel em que ninguém pretende ir com cachorrinhos. Colocamos a sexta marcha em um carro que vai ser usado apenas para distâncias supercurtas. Vendemos uma experiência confortável no açougue quando, na verdade, os clientes queriam agilidade. Tudo isso porque não os conhecemos com profundidade.

Mas essa fase vai passar. Por trás dos algoritmos, robozinhos mensageiros, das telas e câmeras existe um pote de ouro. Um tesouro que se acessa toda vez que conseguimos falar a coisa certa para a pessoa certa, na hora certa, da maneira certa. Uma mágica que acontece toda vez que anunciamos uma viagem para o verdadeiro destino dos sonhos de um cliente, por um preço que cabe no seu bolso, justamente quando ele está planejando as férias. Ou quando oferecemos Big Mac para quem está com fome e tem apenas quinze minutos de intervalo para almoçar numa sexta-feira.

Perceba: eu não descrevi os clientes pela sua altura, peso, idade, estado civil ou bairro onde vivem. Eu falei de **interesses e necessidades – a informação mais valiosa que você pode ter sobre eles**.

Cada vez que um consumidor participa de uma enquete, curte um post da sua marca, clica em um link de um e-mail marketing, abre o aplicativo, seleciona uma opção no atendimento do SAC ou coloca algo no "carrinho" do site, ele está revelando as suas preferências. Antes sabíamos apenas o que os clientes compravam. Agora sabemos o que eles fizeram antes de comprar, como decidiram e como se comportaram depois. Todos esses dados ajudam a segmentar seu público e a fazer planos específicos para satisfazer cada grupo ou cada um deles de maneira muito eficiente.

Conhecer os seus clientes. Conhecer os seus clientes. Conhecer os seus clientes. Vou repetir quantas vezes for necessário até você entender que esse é o primeiro passo para fazer um marketing bem-feito. E para economizar 49,9 mil reais na próxima vez que precisar entregar uma bolsa — ou qualquer outra coisa — para alguém. Chega de queimar dinheiro!

APRENDENDO MARKETING COM AS FORMIGAS

Adoro começar as minhas palestras com perguntas provocativas. Uma das minhas aberturas preferidas é mostrando a imagem de um formigueiro. Nela, dá para ver nitidamente um monte de formigas superparecidas. Deixo alguns segundos e pergunto a todos: "Quem conhece isso que está aparecendo na tela?" Já fiz esse exercício centenas de vezes, e, em todas elas, a plateia inteira levantou a mão.

E você, que está lendo este livro, também conhece formiga? Muito provavelmente você também levantaria a mão com esse grupo, certo? Então deixe-me perguntar o mesmo que pergunto a eles. Já que você disse que conhece formiga, conte-me: quantos anos vive uma formiga? Hum... essa não é uma pergunta muito fácil... Vejamos outra: quantas formigas vivem em um formigueiro? Hum... também não sabemos desse detalhe. E qual seria a doença que mais mata formigas? Ou qual é a cidade que mais tem formigas no Brasil? E quanto tempo uma formiga dorme por dia? Ou quando uma formiga fica grávida, quantos ovinhos ficam na sua barriga?

Uau, uma lista de perguntas que não fazemos ideia da resposta. Mas não falamos que conhecemos esses insetos? A verdade é uma só: sabemos muito pouco sobre formigas. Temos uma vaga noção de como elas vivem. Sabemos que talvez gostem de açúcar, que carregam folhas e que são quase todas iguais. E, ainda assim, afirmamos no começo do exercício: eu conheço formiga.

Se isso também aconteceu com você, deixe-me fazer a verdadeira pergunta que eu gostaria de fazer neste capítulo: **e clientes, você conhece? Ou conhece da mesma maneira que você disse conhecer formigas?** Se eu começar a fazer perguntas sobre eles, você saberá as respostas ou vai ter a mesma performance que teve no questionário que acabamos de ver? Você realmente sabe suas necessidades, seus interesses, suas percepções, suas dores ou... você acha que os clientes são todos iguais, como as formigas em um formigueiro?

VOCÊ CONHECE OS SEUS CLIENTES DE VERDADE?

Vamos começar do básico: como é o perfil do seu melhor consumidor? Você consegue descrevê-lo? Pegue uma pessoa para representar a maior parte de quem compra o que você vende e faça um resumo de como ela é.

"Mulheres, mães, na meia-idade, de alta renda, que moram em grandes cidades e que trabalham fora de casa". O que você acha dessa resposta? Você tem um público definido dessa maneira? A maioria das pessoas que se aventura a fazer marketing acha que essa definição está boa. Parece um grupo claramente descrito e fácil de encontrar. Mas se você quer realmente tirar um tesouro dos seus clientes, você deve entendê-los muito além dessas qualificações.

As variáveis demográficas (idade, gênero, cidade, renda) são boas, mas muito limitadas. **O que realmente vai ajudar você a atingir resultados maiores é a percepção das necessidades e interesses do seu público**. Saber que você procura por "pessoas que estão preocupadas com o aumento da violência e querem mais segurança para suas casas", por exemplo, é muito mais importante do que os itens que eu descrevi acima, percebe? Especialmente nos dias de hoje, quando é possível segmentar os usuários da internet com base no que buscam.

Conhecer com mais profundidade o que os seus clientes precisam é o primeiro passo para ter resultados diferentes em marketing. Que tipo de serviço é muito importante para eles, mas no qual não estão conseguindo ser bem atendidos hoje? Que dor eles têm? Do que gostam muito?

Entenda: **a culpa pelo resultado ruim de um negócio nunca é dos clientes**. Não são eles que não estão percebendo o quanto a sua proposta é maravilhosa. Não são eles que não estão conseguindo encontrar a sua loja. Não são eles que não estão fazendo as contas direito. É você que não está sendo capaz de encontrá-los, atraí-los e convencê-los. E tudo começa em saber com quem você está falando e qual é a ajuda que essa pessoa precisa.

> Não existe nenhuma informação mais potente para mudar os resultados de um negócio do que o profundo entendimento do que os seus clientes precisam e preferem.

Se a sua agenda reflete as suas prioridades, garanta que você sempre tenha um horário reservado para ouvir consumidores.

DESMARKETIZE-SE

Fale com eles. Escute ligações do SAC. Observe os atendimentos no balcão. Ligue para os melhores compradores. Leia os comentários dos posts sobre seu serviço. Se possível, peça ajuda de especialistas para fazer pesquisas.

Para ajudá-lo de maneira bem prática, deixo aqui uma lista de escorregadas que você deve evitar nesse ponto:

CINCO ERROS MUITO COMUNS NO PROCESSO DE PESQUISA SOBRE SEU PÚBLICO

1 **Considerar que a opinião de alguns clientes é uma demanda de todos eles.** Se você quer realmente aprender com as críticas (isso vale ouro), confira se uma parcela importante do seu público de fato está incomodada com algo antes de sair fazendo mudanças drásticas. O mesmo vale para os elogios.

2 **"Adivinhar" o que os clientes estão querendo agora.** Cuidado, os gostos, as preferências e necessidades mudam. Mesmo que você tenha muita experiência no que faz, não caia na tentação de supor que já sabe o que eles pensam. Confirme suas hipóteses.

3 **Falar sempre com os mesmos clientes.** A não ser que você não tenha interesse algum em clientes novos, precisa ouvir gente diferente.

4 **Ouvir apenas os elogios.** Aceitar críticas é um processo doloroso, mas fundamental para crescer. As sugestões de melhoria nos fazem perceber as possíveis falhas e nos tiram da zona de conforto.

5 **Fazer as perguntas erradas.** É muito fácil manipular pesquisas. Seja honesto ao questionar o que realmente quer descobrir e deixe-os livres para falarem o que quiserem.

CLIENTES CONTAM TUDO

Nem só de pesquisas vivem os que colocam o consumidor no centro. A verdade é que **os clientes estão sempre nos contando o que eles gostam e preferem. Mas só às vezes eles usam palavras**. Toda vez que eles clicam em um conteúdo, abrem um e-mail, preenchem um cadastro, instalam um aplicativo ou participam de uma promoção da sua marca, estão demonstrando interesse pelo que está sendo oferecido. Mas cada vez que eles o deixam sem resposta no WhatsApp, dão apenas uma estrelinha na avaliação ou ficam apenas sete segundos no seu site, também estão falando alguma coisa. Você está aprendendo com isso?

Dona Dalva tem um restaurante de comida nordestina que é um sucesso. Seu tempero é maravilhoso e os pratos são bem-servidos. Ela adora fazer misturas agridoces e surpreendentes. Um dia, perguntei como ela descobre se o cliente está gostando. Achei que fosse me mostrar algum formulário de pesquisa de satisfação, mas a resposta dela me surpreendeu: "Eu olho como os pratos voltam".

Uma vez, a Dalva lançou uma moqueca no menu executivo de almoço. Foi o prato mais pedido logo no primeiro dia. O que ela fez? Correu na cozinha para observar. De cada dez pratos que os garçons traziam de volta após as refeições, oito tinham um pouco

CLIENTES CONTAM TUDO DE QUE PRECISAM E O QUE PREFEREM.

MAS SÓ ÀS VEZES ELES USAM PALAVRAS.

[@falajoaobranco
DESMARKETIZE-SE]

de arroz e uma banana. Um pouco de arroz e uma banana. Um pouco de arroz e uma banana. É o cliente dizendo: acho que está vindo arroz demais e eu não quero a banana, mesmo sem palavras. O chef de cozinha ficou bravo com isso, a banana caramelizada era um charme imprescindível no prato. Mas Dona Dalva foi categórica: aqui quem manda é o cliente. Menos banana, menos arroz e mais moqueca no prato no dia seguinte.

E você, está olhando para o que volta para a sua cozinha? Talvez a lixeira da sua loja esteja guardando segredos preciosos sobre os seus clientes. Ou os e-mails que recebe, as perguntas que são feitas durante a negociação, as datas que recebe mais contatos, as buscas que as pessoas estão fazendo na internet sobre o seu mercado, os botões em que os usuários estão clicando em seu sistema.

Saber fazer pesquisa é importante, mas existe algo ainda mais valioso do que isso: a sua sensibilidade. Não estou falando dos seus sentimentos pessoais, mas da sua capacidade de calçar os sapatos do cliente.

Seu tio acha a embalagem do seu produto feia? Fico feliz que você tenha uma boa relação com ele, mas isso é apenas gosto pessoal. E os clientes, o que acham dela?

> Um produto só é caro ou barato se o cliente achar que é caro ou barato. Uma embalagem só é bonita ou feia se o cliente achar que ela é bonita ou feia. Um anúncio está fácil ou difícil de entender se o cliente achar que ele é fácil ou difícil de entender. Um serviço só é prático ou complicado se o cliente achar que ele é prático ou complicado. São eles que definem as coisas.

Tudo bem se eu demorar cinquenta minutos no delivery? Tudo bem se eu cobrar 200 reais por uma camisa? Tudo bem se eu

DESMARKETIZE-SE

limitar a quantidade de alunos por turma? Devo oferecer a garantia de "satisfação ou seu dinheiro de volta"? Devo lançar uma nova cor de cortina? Preciso mudar o uniforme dos meus comissários de bordo? Todas essas respostas já existem. E elas não estão com o seu concorrente, com o seu fornecedor, com a sua agência de publicidade, com um consultor experiente de marketing ou neste livro. Todas estão com os seus clientes.

Todos os dias pessoas que interagem com o seu negócio cochicham informações valiosas em seus ouvidos. Deixe-os bem abertos!

Quem pergunta para um usuário se posso "ter acesso aos seus dados para proporcionar uma experiência ainda melhor" não está apenas cumprindo uma exigência da Lei Geral de Proteção de Dados, está criando uma expectativa nesse cliente de melhorar a sua vida em algo.

A pizzaria do seu bairro sabe que você sempre liga às sextas-feiras, às 20 horas, para pedir uma pizza de calabresa, sem cebola, com borda recheada e que você vai pagar com cartão de crédito. O que ela faz com essas informações? Nesse mercado, algumas preferem ignorar. Todas as vezes que você liga, eles o deixam esperando alguns minutos na linha. Todas as vezes eles perguntam o seu pedido de novo. Todas as vezes eles perguntam o endereço. Todas as vezes eles confirmam o meio de pagamento. Todas as vezes eles demoram quarenta e cinco minutos para trazer a pizza. E todas as vezes eles mandam a redonda em uma caixa com uma promoção... Você precisa cortar um pedaço da embalagem e guardar aquele papelão fedorento por dois a três meses para conseguir trocá-los por uma pizza brotinho doce. Perceba: a pizzaria já sabe que você comprou aquelas dez pizzas, mas ainda assim o obriga a guardar as embalagens. Você não reclama porque sempre foi dessa maneira e, afinal, eles estão lhe dando acesso a um "presente".

Até que um dia, outra pizzaria percebe o seu comportamento e trata você diferente. Na sexta-feira seguinte, minutos antes das 20 horas, eles lhe mandam uma mensagem: "Olá, João, tudo bem? Chegou a sexta-feira! Que tal se a gente adiantar o seu pedido preferido e já colocar no forno uma deliciosa pizza de calabresa, sem cebola, com borda bem recheada? Assim, em vinte minutinhos estará na sua casa. Responde com um 👍 que a gente já registra no seu cartão de sempre! Ah! E você tem feito tantos pedidos com a gente que queremos te mandar uma pizza brotinho doce de presente hoje como agradecimento, que tal? Me avisa se preferir que a gente mande no próximo pedido". E ainda termina com uma figurinha de uma pizza de calabresa saindo fumacinha.

Isso é só um exemplo, mas veja como dá um alívio quando alguém usa os dados que autorizamos a serem usados para facilitar a nossa vida. As possibilidades vão muuuuuuito além disso. E as demandas dos clientes também – especialmente as dos mais jovens. Se você acha que essa turma é exigente demais, cuidado. Esse grupo representará seu principal cliente daqui a alguns anos e espera ansiosamente ser ouvido, entendido e atendido. São pessoas que já se acostumaram em ter os seus dados solicitados o tempo todo, mas que sabem que eles são valiosos e vão nos abandonar se não os usarmos bem.

Enquanto há marcas disputando "seguidores" em redes sociais, outras já perceberam que são elas que têm que seguir os interesses do seu público.

Essa é uma corrida que será ganha por quem entender com mais profundidade o que os clientes querem e satisfazê-los melhor. Não os subestime: são eles que querem criar as próprias tendências e recompensarão as empresas que entenderem isso transformando-as em símbolos da sua cultura.

Talvez o seu público seja bem diferente do que estou usando em meus exemplos. Talvez você alugue iates de altíssimo luxo e ofereça uma experiência multissensorial inesquecível no Alaska para ocasiões especiais. Talvez você ofereça a fralda descartável mais acessível do mundo para famílias carentes que não têm condições básicas em suas moradias. Talvez você trabalhe com a prevenção de doenças de bichos de goiaba albinos, importantes para agricultores que produzem uma variedade específica dessa fruta. Talvez você crie equipamentos ultra-avançados que são usados no espaço para a previsão meteorológica mais precisa do mundo. Eu não faço a menor ideia do que você oferece a seus clientes. E tenho plena convicção de que esses negócios são muito diferentes. Mas eu tenho absoluta certeza: em todos esses casos, a resposta SEMPRE começará nos clientes.

VOCÊ QUER TER RAZÃO OU QUER TER CLIENTES?[29]

Não fazemos marketing para nós mesmos. Nem para o dono da empresa. Nem para ganhar prêmios. Fazemos marketing para os clientes. São os clientes que precisam ser informados, convencidos, satisfeitos. São eles que devem se lembrar de uma experiência, querer voltar, recomendar. Sem consumidores, não existe negócio.

Marketing bem-feito não é o que usa inteligência artificial, o que faz propaganda em 3D ou o que está no metaverso. Isso tudo é interessante e pode ser usado. Mas marketing bem-feito é o que deixa o cliente satisfeito. O resto é "recheio". É meio. É fumaça. É drible.

Acho legal ver um time de futebol que joga bonito. Mas quem ganha é quem faz mais gols. E, no marketing, o placar marca os sorrisos no rosto das pessoas que estamos servindo.

Se uma propaganda não provoca nenhuma reação nas pessoas, perdeu a razão de existir. Se ela não muda percepções, não quebra barreiras, não convence alguém a comprar algo, ela tem o mesmo valor que uma nota de 2 reais rasgada em pedacinhos. Literalmente, não serve para nada.

---

[29] BRANCO, J. Você quer ter razão ou quer ter clientes? **Meio&Mensagem**, 23 maio 2023. Disponível em: https://www.meioemensagem.com.br/opiniao/voce-quer-ter-razao-ou-quer-ter-clientes. Acesso em: 5 ago. 2023.

NO ALVO: FALE COM A PESSOA CERTA

Agradar os clientes não é fácil. Primeiro, porque implica em termos que descobrir o que eles querem (e muitas vezes nem eles mesmos sabem). Depois, passa por viabilizarmos uma solução melhor do que as já existentes por aí. E ainda é preciso arrumar uma maneira de eles conhecerem e experimentarem a nossa proposta. Na sede de completar essa maratona, às vezes nos atrapalhamos, e o cliente reclama. Ele sempre tem razão? Não sei, mas tem as suas razões. E cabe a nós entendê-las e mudar o que ele quer que mude. Entre ter razão e ter clientes, a escolha é fácil.

==Não há nenhum investimento de marketing que dê mais retorno do que o de conhecer profundamente os clientes.== Saber do que eles gostam, do que não gostam, o que esperam, do que precisam, como pensam, como decidem. Saber o que está mudando na sua vida, nas suas referências, no seu contexto e nas suas opiniões. Não existe nenhum problema de marketing que resista a um bom plano feito com base nas necessidades e percepções dos consumidores.

O profissional de marketing tem que entender de tecnologia, de comunicação, de estratégia, de finanças, de liderança e de projetos. Mas, acima de tudo, tem que saber... do cliente!

A CADEIRA MAIS QUENTE DE TODAS

A maioria dos chefes de marketing não consegue ficar mais de três anos na função. Na verdade, 22% já "rodam" no primeiro ano. Esse foi o resultado de uma pesquisa feita pela consultoria Korn Ferry antes da pandemia. É a taxa de rotatividade mais alta entre todos os altos executivos das companhias.

A função de marketing parece glamourosa. Talvez seja fruto de um bom "marketing do marketing". Mas, na vida real, a coisa é diferente.

O grupo de liderança de uma empresa normalmente é formado por pessoas de diferentes funções, com experiências complementares e objetivos em comum. Todos miram no resultado final, mas cada um atua a partir de um ponto de vista diferente. Em todo *board* há pelo menos uma figura que é a xerife do fluxo de caixa, uma defensora das leis, uma cuidadora da organização, uma que fala em linguagem high-tech, uma máquina de execução e uma que se veste com roupas esquisitas — no caso, a persona marketeira. No meio desses péssimos estereótipos, há quem nos veja como o departamento que gosta de fazer graça, gastar dinheiro e ganhar prêmios. Até que um dia chega alguém que representa bem a classe e mostra o verdadeiro valor do marketing, fazendo o papel que deve cumprir nesse grupo: representar os consumidores e os seus desejos.

E é aqui que nasce a razão da nossa cadeira ser tão nervosa. Essa não é uma tarefa fácil. Quem consegue entender o consumidor? Se já é difícil entender os nossos próprios filhos, que dirá os consumidores – esses seres complexos que mudam de opinião todos os dias e que decidem trair uma marca a cada instante.

Mas é justamente porque essa tarefa é tão mais difícil do que parece que se torna tão importante. Empresas que conseguem decodificar as necessidades dos clientes e viabilizar soluções para satisfazê-las são justamente as que ganham mercado. Se hoje você usa condicionador, é porque um dia um marketeiro entendeu que você ia gostar de ficar com o cabelo mais hidratado e ajudou uma indústria a comercializar isso. Se hoje você consegue agendar um serviço de pedicure pelo aplicativo no celular, é porque um dia um de nós percebeu que isso ia deixar a sua vida mais fácil.

Marketeiros, coloquem a sua sensibilidade humana no nível máximo. Nossas empresas esperam que nós consigamos ser um farol que aponta para onde o mercado vai. E o mercado sempre vai para onde os clientes vão.

NÃO VENDA PARA TODOS OS CLIENTES

"Você nunca conseguirá satisfazer a todos os clientes igualmente" – esta frase foi publicada na biografia de Harry Gordon

NO ALVO: FALE COM A PESSOA CERTA

Selfridge,[30] fundador de uma das mais tradicionais redes de lojas de departamento da Inglaterra (lojas Selfridge). Se cada cliente é uma pessoa e tem desejos específicos, oferecer o mesmo serviço a todos resultará em níveis de satisfação diferentes. Ainda que você consiga personalizar parte do que oferece, é importante que tenha a consciência de que é impossível agradar igualmente a todos.

Partindo dessa premissa, **a melhor decisão que você pode fazer para ter um plano de marketing bem-sucedido é partir de um grupo de consumidores com grandes chances de ficar muito satisfeito com você. E, então, crescer.**

Parece doloroso ter que assumir que o seu negócio não é o ideal para todos. Mas isso não é discriminação, é estratégia. Entenda: não estou sugerindo que você proíba clientes de comprarem o seu produto, mas que desenhe uma entrega que um grupo de pessoas achará incrível – e que preste atenção apenas nele.

Fazer um show para um estádio lotado, ter milhões de seguidores no perfil da marca, ter um canal de contato que não para de receber chamadas parece sinônimo de sucesso nos negócios. Mas isso vale muito pouco se você estiver atraindo as pessoas erradas.

Escolha um público, para quem o que você oferece é muito relevante e foque a maior parte da sua energia nele.

Cada vez que uma churrascaria fala com um vegano, está rasgando dinheiro. Cada vez que uma loja que entrega apenas no sul do Brasil faz uma veiculação no país todo, está colocando fogo em notas de 100 reais. Cada vez que você compra um *lead* sem fazer a menor ideia de quem é essa pessoa, está jogando dólares pela janela. Cada vez que você gasta energia tentando convencer a pessoa errada a seguir você, clicar, pedir orçamento, fazer contato ou assistir o seu anúncio, está arremessando a carteira na lixeira. **Existe uma maneira muito mais eficiente de crescer, que é focar por completo em apenas uma parte da população. A parte que precisa de você mais do que qualquer outra.**

---

30 POUND, R. **Selfridge**: a biography. London: William Heinemann, 1960.

→ → → → → → →

O MERCADO SEMPRE VAI PARA ONDE OS CLIENTES VÃO.

[@falajoaobranco
DESMARKETIZE-SE]

NO ALVO: FALE COM A PESSOA CERTA

Ofereça algo que eles valorizam muito, que seja melhor que as outras opções do mercado. Seu cliente quer rapidez na entrega, e você consegue ser o único que chega até ele em menos de quinze minutos? Bingo! Seu consumidor valoriza a sofisticação, e você consegue ser a única opção nível "6 estrelas" no seu mercado? Bingooo! Seu cliente quer um visual no cabelo que dure mais tempo, e a sua coloração é a única que dura mais de seis meses? Bingooooooo!

Isso se chama relevância, e esse é o tema do próximo capítulo.

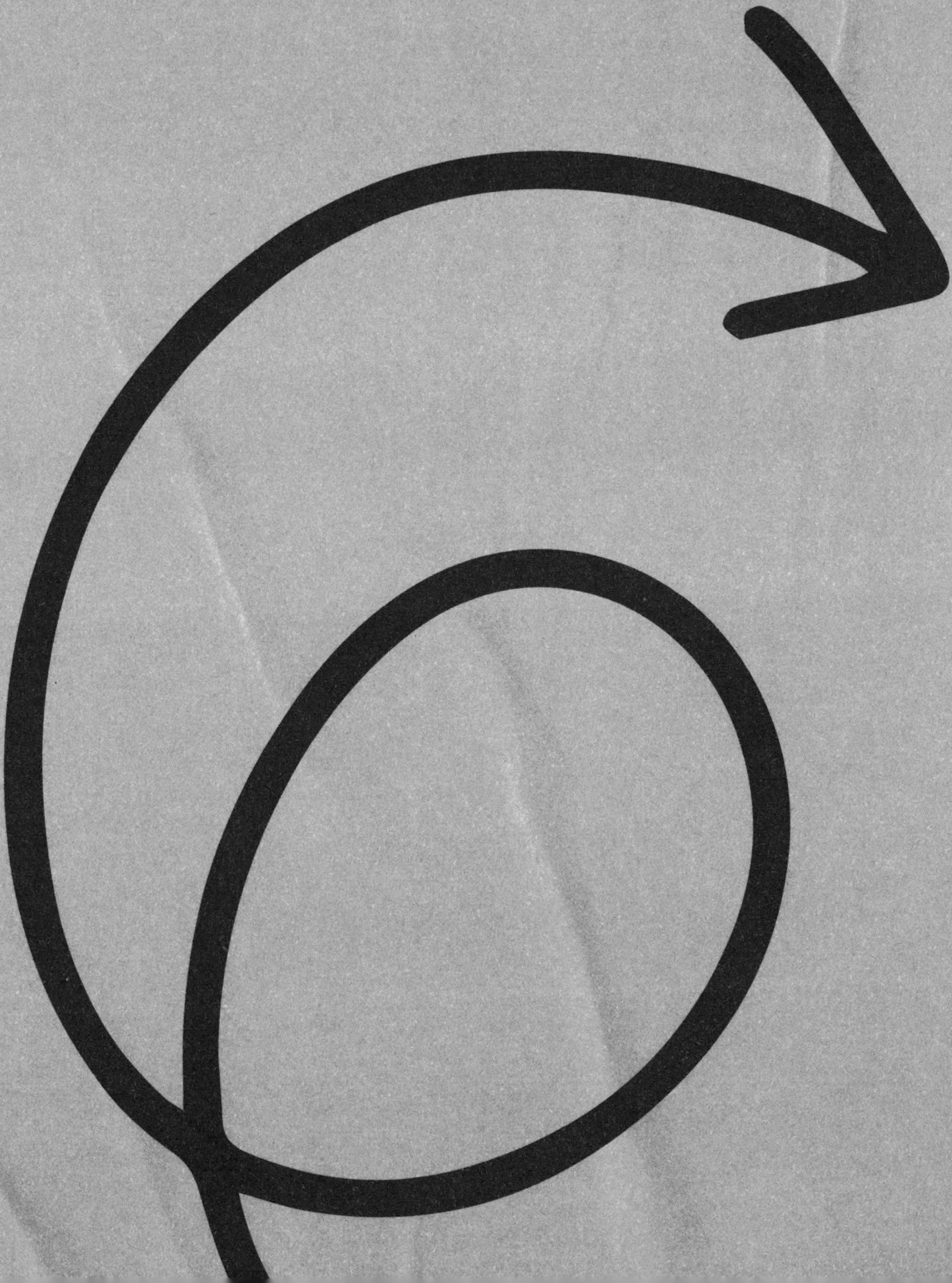

[capítulo 6]

RELEVÂNCIA: OFEREÇA A COISA CERTA

❯❯ A única maneira de ter uma vantagem competitiva é se concentrar no que o cliente quer. ❮❮

JEFF BEZOS[31]

---

[31] Entrevista à Fortune, 2012, conforme citado BRITO, R.; BRITO, L. Vantagem competitiva e sua relação com o desempenho: uma abordagem baseada em valor. **Revista de Administração Contemporânea**, São Paulo, v. 16, n. 3, p. 360-380, jun. 2012. Disponível em: https://www.scielo.br/j/rac/a/bpyrYpPKMrqy3KzNbhLyRRx/?format=pdf . Acesso em: 24 ago. 2023.

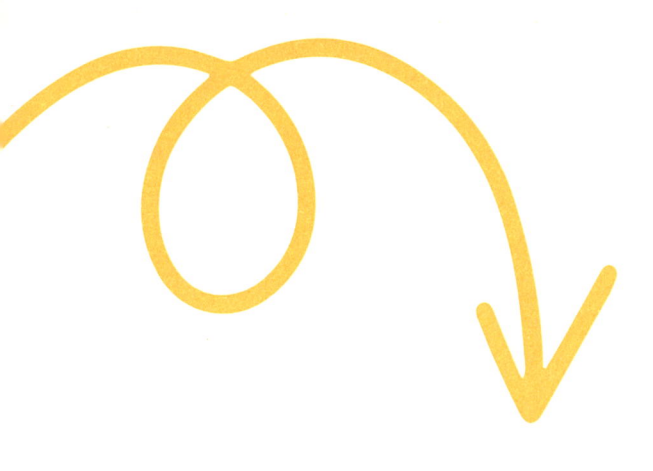

Repita esta frase mil vezes se necessário: ==Você TEM que achar UMA coisa MUITO importante para o CLIENTE, uma coisa que você consegue fazer MELHOR que os outros.== Não adianta fazer isso por um único cliente, tem que ser por um público, um que seja grande o suficiente para sustentar o seu negócio pelos próximos anos, e pequeno o suficiente para que você consiga "conversar" com eles. Para eles, você tem que ser a melhor opção.

O SEU PONTO DE DIFERENÇA

Qual a diferença entre gasolina aditivada e a V-power? Porque um xampu "sem sal" é bom? Quantos sabores existem da maior fabricante de suco em pó? O enxaguante bucal deve ser usado antes ou depois do fio dental? Quantas embalagens a sua marca de refrigerante preferida recicla todos os anos?

Talvez você saiba alguma dessas respostas, mas tenho certeza de que não sabe todas elas. Isso é culpa do marketing dessas empresas? Um dos desabafos mais frequentes que escuto de empresários e executivos é de que "se os clientes conhecessem todos os nossos diferenciais, eles certamente escolheriam o nosso produto". Será que isso é mesmo possível?

A verdade é que somos bombardeados de estímulos e informações todos os dias e não absorvemos nem uma ínfima parte disso.

DESMARKETIZE-SE

Peça a uma pessoa aleatória na rua para lhe contar tudo que ela sabe sobre o Polo Ártico, sobre os tucanos ou sobre o agrião. Somos capazes de falar, no máximo, umas cinco coisas sobre cada um.

Quem está muito envolvido com uma marca, da qual ele sabe tudo, acha que é capaz de fazer o mundo todo ter essa mesma relação com ela. Alguns modelos de negócio até conseguem chegar mais perto disso – aquela revendedora de cosméticos que vai à sua casa e passa três horas demonstrando produtos para um grupo pequeno, por exemplo. Mas ela não consegue fazer isso na escala que gostaria. E aposto que até essa marca gostaria que o discurso dessas revendedoras falasse mais de alguns temas que não são abordados.

Imagine que o seu produto tenha sete ingredientes poderosos e que você gostaria que todos os brasileiros os memorizassem. Você acha que alguma marca seria capaz de fazer isso? Eu conheço apenas uma, e tenho o privilégio de ter trabalhado com ela: dois hambúrgueres, alface, queijo, molho especial, cebola, picles em um pão com gergelim. É um exemplo de sucesso único. Mas mesmo o McDonald's, que alcançou essa proeza, não consegue fazer os clientes decorarem a composição de todo o cardápio ou saberem tudo de bom que eles fazem para as causas de sustentabilidade ou entenderem tudo que acontece com a arrecadação do McDia Feliz, por exemplo.

As propagandas da sua empresa não competem apenas com os anúncios dos concorrentes. Elas disputam atenção com as notícias do dia, a novela do momento, o reality show que está bombando, as fofocas do vizinho, os e-mails do banco, os posts das celebridades nas redes sociais, a nova música daquela banda e tudo mais que chega de conteúdo para você ao longo do dia.

O que fazer nesse contexto? Só resta uma opção: foco. Fale apenas o que realmente faz a diferença. Se você tivesse que escolher apenas UM "argumento arrasador" sobre o que você vende, o que seria? Qual é o ponto principal da sua oferta e que realmente muda a intenção de compra das pessoas? **Qual é a UMA coisa que o seu público ama e que ninguém consegue fazer igual a você?**

Gaste o máximo possível da sua energia falando apenas disso. Sem medo de ser repetitivo. Seja criativo para falar a mesma coisa de diferentes maneiras, mas não caia na tentação de querer comunicar mil coisas diferentes.

Repare: aquela marca de artigos esportivos famosa só fala sobre performance. Aquela marca de sabão em pó só fala sobre limpeza profunda e cuidados com o planeta. Aquela marca de celulares modernos só fala de design e inovação. Não é porque eles não têm nada para falar sobre outros temas. Não é falta de dinheiro. Não é preguiça. É uma escolha, baseada na relevância.

É POSSÍVEL MUDAR PERCEPÇÕES

Descobri qual é a melhor agência de publicidade do mundo: é a que atende o esquilo. Vamos ser honestos: esse bichinho é um rato com rabo peludo, mas tem status para entrar no grupo dos *Ursinhos Carinhosos* (lembra dessa?). Quem quer que tenha construído essa imagem merece um prêmio. Em compensação, se existisse um prêmio de pior agência do ano, essa estatueta já estaria garantida para quem atende a conta do coentro... pense em uma hortaliça injustiçada! Acho que se o coentro tivesse um canal no YouTube já teria sido banido por tantos dislikes que recebe.

Se você olhar bem ao redor, vai perceber uma infinidade de casos assim. São coisas, marcas e pessoas que têm uma "imagem" construída.

No menu do restaurante, o marketeiro passou um "raio gourmetizador" e transformou queijo ralado em "lascas de *parmigiano*". Dizem que o camarão é uma "barata" que consegue nadar, mas já viram quanto ele custa no mercado? E quem foi que conseguiu nos convencer a pagar o dobro do preço em um simples abajur redondo chamado *ring light*?

Tudo que está à nossa volta tem a sua percepção, o seu "valor".

Muita gente acha caríssimo pagar cinco mil reais para um neurocirurgião remover um tumor do seu cérebro. Mas topa pagar duas vezes esse valor em um autógrafo de uma celebridade que nunca viu. São as ponderações malucas que fazemos.

Quem foi que disse que um protetor solar com "fator azul" vale mais? Ou que um detergente com "carvão ativado" limpa melhor? E como posso comparar o poder hidratante de um creme com abacate versus o de um com óleo de amêndoas?

Um experimento muito interessante acontece quando temos contato com um universo totalmente novo, no qual não fazemos a menor ideia do preço das coisas. Por exemplo, o que custa mais caro: um papagaio, uma calopsita ou um periquito australiano? Há uma diferença de dez vezes entre o valor deles. E nem sempre isso é por causa do custo ou da escassez. A maioria das vezes é pela demanda e pela imagem que temos das coisas.

O valor de algo na cabeça dos clientes não é uma simples divisão entre custo e benefício. Na verdade, é uma equação que compara percepções. Percepção de custo versus percepção de benefício. E isso muda tudo.

Quando você foca a sua comunicação nessa UMA coisa que você sabe fazer bem e que o cliente precisa, aumenta muito as chances de que a percepção de valor da sua proposta dispare. Isso é tomar uma decisão acertada.

POR FAVOOOOOOOOR SUA ATENÇÃO

Mãos ao alto! Isso é um assalto. Pare de folhear as páginas, rolar a tela, digitar e apertar botões. Estou tentando "roubar" dois minutos da sua atenção.

Olhos agitados, dedos impacientes, corações preocupados. Nunca foi tão difícil garantir alguns segundos de foco dos consumidores, que agora ficam fazendo várias coisas e olhando para várias telas ao mesmo tempo. O antigo "agora vou ler o jornal" virou o "vou ouvir um podcast enquanto olho o TikTok, atento ao WhatsApp".

Para dificultar, aquela dupla sertaneja resolveu se separar, aquele político foi pego com dinheiro na cueca, aquele jogador de futebol descobriu que tem um filho, aquela atriz foi cancelada e, no meio dessa barulheira, eu estou aqui, tentando levantar uma plaquinha de "vende-se sorvete".

Será que alguém vai olhar para minha propaganda? Alguém vai perceber a minha voz nesse ambiente barulhento? Às vezes me sinto no meio do show de uma banda de rock pesado tentando ser escutado. O que eu devo fazer?

DOIS OLHOS PARA MIL PROPAGANDAS

É provável que, ao longo de um dia, você seja impactado por mais de cinco mil propagandas sem perceber. Marcas aparecem na embalagem da margarina, no intervalo da televisão, na frente do ônibus, na capa da revista, no panfleto do farol, na notificação que apareceu no seu celular, nos muitos e-mails de spam, nos primeiros resultados do Google, no banner do Candy Crush, no encarte do mercado, na ligação do telemarketing, no relógio de rua, no post patrocinado do Instagram e até na camiseta do seu namorado. De quantas você vai lembrar hoje à noite?

No passado, era bem mais fácil garantir a atenção dos consumidores. Hoje é possível que você tente lançar um produto, colocando uma fanfarra de gigantes com uma melancia pendurada no pescoço nas principais avenidas do país e ninguém perceba.

Já existem empresas que usam como indicador de desempenho o número de minutos por dia da sua vida que você gasta interagindo com um produto deles. E não estou falando de uma marca de colchão, mas de empresas de tecnologia que sabem o valor da sua atenção e quantos segundos você fica em cada tela.

Então, o que eu faço?

DESMARKETIZE-SE

A solução para essa missão impossível está em falar a mensagem certa para a pessoa certa da maneira certa no contexto certo. Quando está pensando em comprar uma viagem, as chances são de que você vá prestar muito mais atenção às propagandas de pacotes turísticos. Aquela mensagem se tornou muito relevante para você naquele momento. Mas, para quem não está com a menor pretensão de viajar, esse tipo de anúncio passa batido.

Para a sua voz ser ouvida em um ambiente barulhento, só há duas opções: ou você cochicha no ouvido da pessoa que está ao seu lado, ou instala um equipamento de som poderoso e grita realmente muito alto no microfone. Ou seja: ou você começa uma conversa interessante e personalizada, ou "compra" a atenção das pessoas despejando um caminhão de dinheiro.

Mas seja qual caminho você escolher, não se esqueça: ninguém gosta de ser interrompido por coisas chatas. Se cochichar bobagem no meu ouvido, não vou deixar você chegar perto de novo. Se da sua caixa de som sair algo de que não gostei, vou colocar um fone de ouvido para evitar você. Escolha bem o que vai me mostrar e talvez eu olhe para você de novo daqui a pouco.

FAÇA ISSO ANTES DE O "FUTURO" CHEGAR

As experiências imersivas de internet estão chegando e podem mudar radicalmente como seu negócio atua. A inteligência artificial já é uma realidade e está dando um banho de automatização em várias partes dos seus processos. Os drones também estão chegando e, com eles, novas maneiras de transportar as coisas com rapidez. A internet das coisas vai conectar tudo e todos, possibilitando automatizações inéditas. A web3, blockchain e as criptomoedas também devem causar barulhos fortes. Uau, quanta coisa vai mudar nos próximos anos.

Imaginar que, muito em breve, aviões poderão operar sem pilotos, salões de beleza poderão operar sem cabeleireiros e que talvez "imprimamos" nossa própria comida em casa é, ao mesmo tempo, aterrorizante e inspirador. Um cenário tão alucinante que faz algumas pessoas se perderem no tempo... literalmente. O que quero dizer é que vejo gente tão atraída pelo futuro que começa a se esquecer do presente.

Todas essas inovações vão chegar. Um dia. Mas enquanto isso não chega nem perto do seu mercado, o que fazer? Tem gente ficando extremamente preocupado, perdendo noites de sono. Também há os que estão gastando montanhas em consultorias e conselhos. E ainda há os que não estão fazendo nada.

Aprender como o jogo está mudando é importantíssimo. Mas, se você não sabe por onde começar a construir o seu futuro, posso deixar uma dica? **Atenda melhor o seu cliente**. Está aí uma "transformação" que também pode trazer excelentes resultados.

Nenhuma campanha de publicidade é capaz de construir uma marca como um excelente atendimento é capaz de fazer. Ter um grupo grande de consumidores fiéis e "apaixonados" pelo que você oferece é o ativo mais valioso que você pode ter.

Quem tem um bom serviço poderá deixá-lo ainda melhor no futuro, alavancando as muitas possibilidades que surgirão. Mas a tecnologia não é a solução para quem não tem um cliente bem-atendido – ela provavelmente vai apenas transformar um péssimo serviço em um péssimo serviço digital.

Pense em uma loja onde você sempre é muito mal atendido. Ela vai se tornar a sua loja preferida se lançar um programa de fidelidade no app? Cuidado para não pensar que um novo sistema mágico vai fazer uma transformação completa no seu negócio. A tecnologia é um meio que pode deixar algo bom ficar ainda melhor.

Como satisfazer os seus clientes de uma maneira mais completa do que qualquer outra opção encontrada no mercado? Como trazer soluções melhores? Quem já está obcecado por essas perguntas hoje é justamente quem vai tirar melhor proveito das novidades tecnológicas no futuro.

Não estou dizendo que você não deva se preparar para as mudanças que virão. Mas, independentemente dos seus planos, a melhor maneira de garantir o futuro da sua empresa é ter uma marca forte e uma relação muito positiva com os consumidores. Hoje e amanhã.

COMO VOCÊ SE DESTACA NA MULTIDÃO?

Já nascemos com um chip marketeiro instalado. Quer ver só? Você consegue se lembrar de como conquistou seu namorado ou sua namorada? Você usou aquele sorriso charmoso? Chamou a atenção pelo bom humor? Preparou um jantar especial? Impressionou pela boa forma? Encantou pela inteligência? Em todos esses casos, você estava tentando destacar suas qualidades. Se você é desengonçado, sabe que não vai ser na pista de dança que vai rolar alguma coisa, certo? É disso que estou falando. Para atrair os outros para uma relação, não mostramos o nosso bafo, a unha encravada ou aquele ronco noturno logo de cara. Você mostra a sua melhor versão, sua principal qualidade, o que tem de mais legal.

Vida de cantor não deve ser fácil. As pessoas provavelmente ficam o tempo todo lhes pedindo que cantem uma musiquinha. Também tenho dó das médicas que precisam ficar analisando as perebas dos amigos até nos momentos de diversão. Eu sou marketeiro, então para mim as pessoas sempre perguntam: "O que preciso fazer pra vender mais?". Tem gente querendo vender bolo caseiro, chinelo, fralda, um novo aplicativo, equipamento de segurança e até ração para pets exóticos. Minha resposta para essa pergunta sempre é outra pergunta: **"O que SÓ VOCÊ faz pelo seu cliente?"**.

Essa costuma ser uma questão que assusta. Qualquer curso sobre Estratégia de Marketing nas melhores faculdades do mundo vai abordar esse tema usando expressões difíceis em inglês. Mas, no fundo, todos estão lhe entregando este ensinamento de bandeja: "não abra um negócio se você não souber como vai se

O QUE SÓ VOCÊ FAZ PELO SEU CLIENTE?

@falajoaobranco
DESMARKETIZE-SE

destacar na multidão" ou, em outras palavras, "não lance um produto se ele não tiver um diferencial claro".

Por incrível que pareça, muita gente não pensa nisso. Lançam coisas "porque meu concorrente está fazendo", "porque está na moda", "porque a linha de produção está parada" ou "porque sempre foi o meu sonho". Nesses casos, a chance de sucesso é bem menor.

Eu já ajudei a vender muito Big Mac, batatinha, sorvete, chocolate, creme de avelã, bala, ovo de Páscoa, escova de dentes, absorvente feminino, remédio para gripe, creme de assaduras e até regulador intestinal. E sei que cada negócio tem as suas dificuldades e características. Mas, em todos eles, sempre foi extremamente importante pensar no que estou de fato entregando para o cliente e o quanto isso o satisfaz melhor que as outras opções à disposição dele.

Você vai produzir as camisas com as estampas mais bonitas do shopping? Vai fazer uma comida mais gostosa que as outras do seu bairro? Vai entregar mais rápido? Vai ser o mais barato? Vai ter as embalagens mais bonitas? Vai oferecer algo mais prático? Se você não tem certeza de qual é o seu diferencial, este texto chegou na hora certa.

Você não precisa ser o melhor do mundo assim que começa. E nunca vai conseguir ser o melhor em tudo. Mas se conseguir oferecer algo diferente em um ponto que é muito importante para os clientes, suas chances aumentam demais. Chamamos isso de relevância. Esse vai ser o seu diferencial competitivo. Ele pode estar no tempero da sua avó, no sorriso do atendente, naquele orçamento feito em três minutos, na garantia estendida, no funcionamento 24 horas, na possibilidade de parcelar em duzentas vezes. Não sabe como decidir o que fazer? Comece observando e conversando com os seus clientes. Tente descobrir algo que responda "Sim" a estas três perguntas:

RELEVÂNCIA: OFEREÇA A COISA CERTA

1 Isso é muito importante para o cliente?

2 Isso é algo que os concorrentes não fazem direito?

3 Isso é algo que eu consigo fazer melhor que eles?

Mire em algo que o seu cliente valoriza muito, que você consegue fazer bem e que nenhum dos seus concorrentes oferece hoje. Idealmente algo que seja difícil para eles copiarem.

E, quando chegar ao que SÓ VOCÊ consegue fazer pelo cliente, é só seguir a mesma técnica que você usou no "xaveco" do primeiro parágrafo. Se seu produto é feio, não o coloque na vitrine. Mas se ele canta bem, leve-o todo dia para o karaokê.

Está todo mundo preocupado em conseguir a atenção dos clientes. Mas **se você tivesse toda a atenção deles por um minuto, sobre o que você falaria? Que barreiras tentaria quebrar? Que argumentos usaria para convencê-los? Quais coisas boas falaria?**

Esse papo de destacar as suas qualidades talvez tenha deixado dúvidas sobre o quão real e autêntico devemos ser nas comunicações. O próximo capítulo é justamente sobre isso.

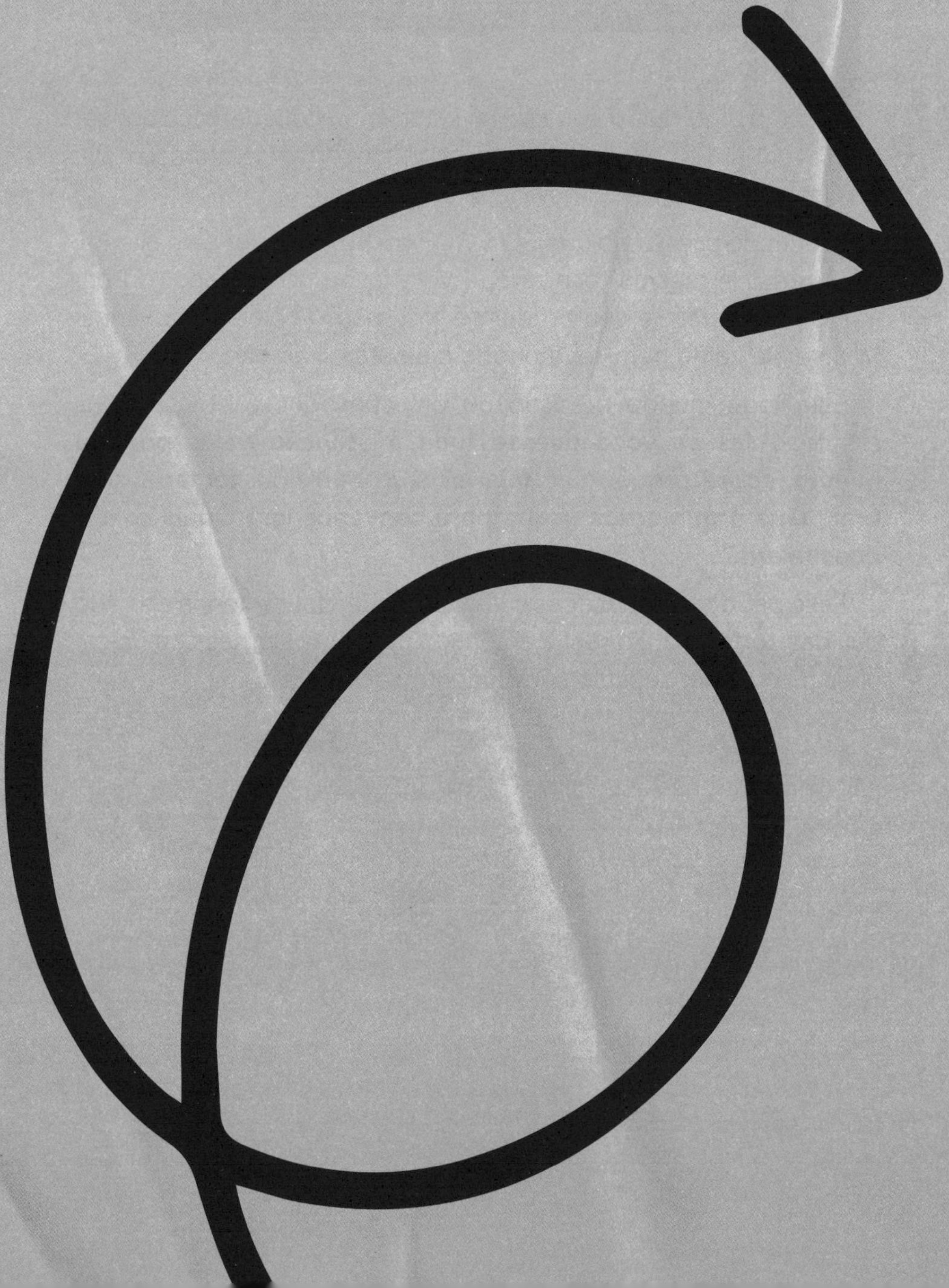

[capítulo 7]

AUTENTICIDADE: PARE DE FINGIR SER QUEM NÃO É

> **A autenticidade é o que separa as marcas que têm um significado real para as pessoas das que não têm.**
> MARC GOBE[32]

---

[32] 25 FRASES sobre publicidade para motivar você. **Rock Content**, 27 fev. 2017. Disponível em: https://rockcontent.com/br/blog/frases-sobre-publicidade/. Acesso em: 21 ago. 2023.

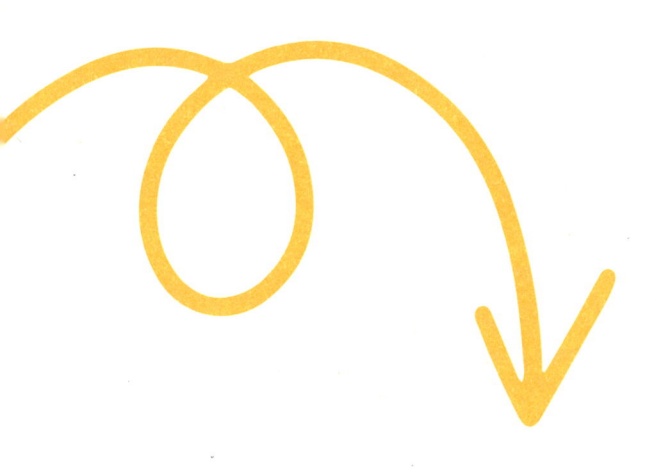

Qual é a mudança que você mais gostaria que acontecesse na publicidade? Você desejaria ver menos propagandas ao longo do dia ou preferiria ver ainda mais? Curtiria se os anúncios fossem mais personalizados? Ou que fossem mais divertidos? E que tal se aparecessem para você apenas propagandas de coisas que você está precisando comprar neste momento? Pode pedir o que quiser.

Na pesquisa feita pela Provokers, descobrimos a resposta para essa questão. **A mudança que os brasileiros mais desejam que aconteça na publicidade é: "Gostaria de ver propagandas com pessoas e situações reais"**. No total, 48% dos entrevistados responderam isso. Para ficar claro, isso é mais do que o dobro da escolha que teve a opção "Gostaria de ver propagandas que fossem personalizadas de acordo com o meu estilo de vida". Muito interessante imaginar que a falta de autenticidade incomoda mais do que receber conteúdos que não foram pensados para mim.

Dá para imaginar qual é o efeito de ter metade da sua audiência ficando irritada porque nos seus posts tem uma pessoa fingindo que está usando o seu produto? Fiz questão de trazer um dado bruto e duro logo no começo do capítulo para deixar claro que isso não é uma opinião pessoal. Essa é uma mudança urgente que precisa acontecer no seu marketing.

DESMARKETIZE-SE

Se você pudesse mudar algo nas propagandas hoje, o que mudaria?

- Gostaria de ver propagandas com pessoas e situações reais — 48%
- Gostaria de ver propagandas mais legais e interessantes — 36%
- Gostaria de ver propagandas que fossem personalizadas de acordo com o meu estilo de vida — 22%
- Gostaria de ver menos propagandas — 18%
- Gostaria de ver propagandas apenas de produtos de que eu preciso comprar — 17%
- Não mudaria nada — 8%
- Gostaria de ver mais propagandas — 4%
- Gostaria de mudar outra coisa — 3%

QUAL É O LIMITE DO MARKETING?

Tempos atrás, o presidente de uma das faculdades mais respeitadas do Brasil me chamou para conversar e revelou, francamente: "Os jovens de hoje não querem mais ser como você". O número de inscrições para os cursos relacionados à Propaganda e Marketing estão desabando. Mas isso não acontece com os outros cursos. Entre as suas conclusões, ele me dava a entender que a nova geração quer fazer algo com um propósito maior e que não vê isso em uma profissão que fica tentando enganar as pessoas. Fiquei chocado.

Quem nunca viu um anúncio que passa uma mensagem do tipo "Venha para o mundo encantado das famílias perfeitas e felizes consumindo essa gelatina" ou "Faça parte do seleto grupo de pessoas que vencem na vida usando esse aplicativo"? Gostamos de fazer isso. A verdade é que quem trabalha com publicidade consegue olhar para um creme dental e enxergar nele uma "fábrica" de autoconfiança.

AUTENTICIDADE: PARE DE FINGIR SER QUEM NÃO É

Não estou tentando acabar com a magia da comunicação, nem com o uso perfeito de palavras bonitas, convincentes e agradáveis que esclareçam a beleza por trás dos produtos, gerando desejo e interesse pelas suas verdadeiras qualidades. Mas uma coisa é explorar muito bem todos os atributos positivos de uma girafa, e outra é apresentá-la como uma zebra.

É preciso vigiar os limites do Marketing. Não apenas pelas questões éticas, legais e anticoncorrenciais, mas falo também dos seus resultados.

Os consumidores estão cada vez mais conscientes e demandando uma nova postura. É questão de tempo até que percebam as inverdades que são faladas nas propagandas e destruam o crédito de uma marca. Uma reputação que demorou anos para ser construída, que pode ser arranhada em segundos.

Escrevo isso com plena consciência de quem muitas vezes se questionou sobre esses limites. Já lancei produtos que foram retirados do mercado. Já fiz campanhas que foram suspensas. Já tomei "puxão de orelha" da matriz. Já usei frases que foram questionadas em processos. E já fiz coisas que, apesar de nunca terem sofrido nenhuma advertência jurídica, ainda assim receberam críticas da opinião pública. Nenhuma delas foi ilegal, nenhuma delas foi um crime, nenhuma delas foi mentirosa. Mas nem todas foram positivas para as marcas. E todas trouxeram um grande aprendizado: não é necessário cruzar o limite. E os próprios clientes estão colocando esse limite em uma barra cada vez mais alta e mais visível.

O PERFEITO ATRAI, MAS O IMPERFEITO CONECTA

Este título foi usado pela pesquisadora Brené Brown em seus ensinamentos sobre coragem, vergonha e vulnerabilidade. Muito além de um discurso motivacional, os estudos de Brown revelam

DESMARKETIZE-SE

uma verdade humana muito interessante e que traz um grande alívio aos marketeiros:

Apresentar-se como você verdadeiramente é pode ser mais poderoso do que mostrar sempre a sua versão "ideal" (e irreal). As marcas que entenderam isso não são apenas as que não usam filtro ou fotos retiradas de bancos de imagem. São as marcas que pedem desculpas, que assumem problemas, que falam seus pontos de vista sobre temas que têm a ver com a sua atuação. São marcas que não têm vergonha de mostrar a sua "cozinha" e não prometem "sonhos perfeitos".

Você já foi a uma gravação de um comercial em vídeo? Um "filme" de apenas trinta segundos, razoavelmente simples, normalmente implica em dois dias de gravações — uma equipe de mais de cem pessoas que pensa em todos os detalhes: da cor da parede da sala ao modelo da meia que o ator coadjuvante vai usar. Eles testam diferentes tonalidades de luz para chegar ao modelo exato que reflita o "sol 11 horas da manhã".

Cabeleireiros, maquiadores, estilistas, técnicos de som, operadores de câmera, editores profissionais e contrarregras se empenham ao máximo para que aquela atriz famosa e deslumbrante apareça com cabelos esvoaçantes e um sorriso de dentes perfeitamente brancos e alinhados, apontando para uma embalagem de aveia e dizendo: "Agora, sim, sou feliz". Essa cena é gravada 32 vezes até que a entonação de voz perfeita seja captada e a cena com a franja mais esvoaçante seja escolhida.

Dá gosto de ver o capricho. Todos estão lá estão colocando o seu máximo para fazer uma imagem atrativa, esteticamente perfeita e vendedora. São artistas em campo. Produtoras, agências e anunciante estão juntos nessa missão. Fazem mil ajustes, cortes, montagens de cenas, tratamentos de cor, testam trilhas sonoras, colocam efeitos especiais e depois de algumas semanas finalizam uma verdadeira obra de arte que custou sete dígitos para ficar pronta. Já fiz muitas dessas. Algumas são tão belas que me enchem de orgulho de ter participado daquele projeto. Outras são tão bem-feitas que emocionam. E outras ganharam prêmios internacionais.

AUTENTICIDADE: PARE DE FINGIR SER QUEM NÃO É

Antigamente, quem colocava uma campanha dessas no ar tinha liderança de mercado quase garantida. Mas o mundo mudou. E, de repente, aquela marca de protetor solar que aparece na mão de uma adolescente descabelada e de pijama que fez, espontaneamente, uma dancinha e filmou com um celular quebrado, se torna a marca mais vendida. O que está acontecendo aqui?

Um estudo realizado pela Kantar Millward Brown, em 2018, com consumidores de diferentes idades em 39 países, mostrou que os mais jovens são mais propensos a valorizar a autenticidade e a transparência nas mensagens publicitárias. Segundo a pesquisa, 41% dos consumidores com menos de 26 anos disseram que gostam de anúncios que mostram pessoas e situações reais, enquanto apenas 22% dos mais velhos disseram o mesmo.

Vamos deixar claro: não tem a ver com fazer uma produção "tosca". Muito menos com desvalorizar o capricho. Se trata de conexão. De autenticidade. De identificação.

Eu me conecto mais com a sua marca se eu conseguir me ver na sua comunicação. Isso vale principalmente para empresas que miram no público mais jovem, mas é uma tendência para todas. Até mesmo marcas de luxo, que sempre usaram da estratégia da sedução, aspiracionalidade e perfeição, têm revisto suas estratégias. Chanel, Dior, Louis Vitton e Yves Saint Laurent colocaram pessoas de diversos padrões de beleza, etnias, tamanhos, idades, cabelos e capacidades motoras em seus desfiles de moda pela primeira vez nos últimos anos. Marcas de cosméticos fizeram um claro movimento de colocar pessoas com todos os tipos de pele em sua comunicação. Por que você acha que isso está acontecendo? Porque aumenta a chance de você sentir que "isso é para mim", de se sentir valorizado e se conectar.

Uma marca que nunca assume seus erros é insuportável. Uma empresa que começa todos os seus posts com "em nossa companhia sempre valorizamos a opinião dos clientes, por isso..." chega a dar sono. Propagandas que só mostram pessoas muito diferentes de mim me fazem concluir que aquele produto não é para mim.

DESMARKETIZE-SE

Repare bem nos anúncios daquele hotel-fazenda que sempre tem uma família sarada e bronzeada sorrindo exageradamente enquanto olham para crianças comportadinhas. Veja aquela marca de chocolate que coloca em sua publicidade a foto de uma mulher estrangeira genérica, baixada na internet, e que você também viu exatamente igual no panfleto da seguradora, no outdoor da clínica odontológica e até no camelô que vende potinhos de plástico. Repare naquela marca de banco que obriga um surfista a usar um boné com o seu logotipo bem grandão 100% do tempo. Enquanto fazemos isso, parece que é normal. Até vermos uma marca fazendo algo mais autêntico. Quem não sente um alívio? Fica tão nítido que tudo isso era forçado, que alguém só estava fazendo aquilo porque foi pago, que era tudo um "filtro" marketeiro aplicado em algo...

Tenho a nítida impressão de que uma boa parte da explicação para celebridades cobrarem tão caro para aparecerem em propagandas é porque elas vão ter que fazer coisas de que não gostariam. "Vou ser obrigada a beber suco de goiaba em todas as refeições que eu fizer publicamente porque o contrato vai exigir? Então vou ter que ser muito bem paga para isso". E assim contratos polpudos de publicidade são fechados. Grande oportunidade de rasgar dinheiro, pagando para alguém fazer alguma coisa de que não gostaria, fingindo beber o que não bebe para tentar enganar um monte de clientes. Tudo isso acontecendo enquanto, neste exato momento, uma mãe viraliza na internet mostrando sua filhinha de 4 anos fazendo uma careta horrorosa ao beber suco de goiaba pela primeira vez e depois falar: "*Num* gostei, mamãe. Mas *télo* mais". Percebe a diferença? Que marca aprovaria um roteiro em que o personagem fala que não gostou do produto? Aquela que entendeu o que eu demorei para entender.

O AMIGO DE INFÂNCIA VIROU UM "CHATÃO"

Tenho vontade de voltar no tempo e mostrar este capítulo para mim mesmo, nove anos atrás. Mas, como não consigo, tento oferecer a você a ajuda que eu gostaria de ter recebido.

APAIXONE-SE PELOS SEUS CLIENTES, NÃO PELO SEU PRODUTO.

@falajoaobranco
DESMARKETIZE-SE

DESMARKETIZE-SE

Como você sabe, estive alguns anos à frente do Marketing do McDonald's no Brasil. Uma marca sólida, robusta, líder, reconhecida no mundo todo e que tem uma bela história no Brasil desde 1979. Parece fácil fazer marketing de uma marca conhecida. Minha mãe sempre me dizia: "O Méqui sempre tem fila". Pois é justamente aí que está o problema: como fazer uma marca que já é muito amada ser ainda mais amada? Como fazer um produto que já é muito comprado ser ainda mais comprado? Criar uma marca do zero é difícil, fazer um negócio crescer dá trabalho, mas cuidar de uma marca gigante também dá muuuuito trabalho.

No caso do Méqui, um trabalhinho extra: nos últimos anos, dezoito novas marcas de comida rápida chegaram ao Brasil. Marcas de hambúrguer, pizza, tacos, donuts, frango frito, sanduíches... todas tentando seduzir os mesmos clientes ao mesmo tempo. Cada uma começou a atacar por um lado, com diferentes estratégias: umas prometendo uma refeição mais balanceada, outras focando o preço, algumas destacando o sabor e várias fazendo brincadeiras com a marca líder. Isso nunca incomodou o McDonald's, que tem clara visão do seu papel no mercado. Então, nada mudou. Seguimos fazendo as mesmas comunicações que sempre funcionavam, os mesmos posts, os mesmos lançamentos, as mesmas linguagens, as mesmas promoções. E foi assim que a marca permaneceu a mesma... enquanto os clientes mudavam.

Anos depois, percebemos um problema: a nova geração de clientes tinha sido seduzida e não via mais o McDonald's como a sua marca preferida. Os adultos e crianças permaneciam fãs do Big Mac, mas os adolescentes, não... O que fazer nesse caso? Deixar uma geração inteira ir embora? Uma marca como essa não pode permitir isso.

A solução para esse problema começou justamente em voltar a entender os clientes e falar muito mais com eles. Ouvimos muitas críticas. Esse grupo parecia magoado. Elogiavam outras marcas mesmo em coisas que sequer faziam sentido. No fundo, eles pareciam decepcionados com o Méqui. Era como se o seu "amigo de infância" tivesse virado um "chatão". A comunicação que sempre

AUTENTICIDADE: PARE DE FINGIR SER QUEM NÃO É

usávamos não se conectava mais com eles. Pessoas mais velhas e muito arrumadinhas, que não se parecem comigo, em situações de consumo perfeitas, cenas arranjadas, atores contratados e ninguém comendo (sim, evitávamos cenas de consumo porque achávamos pouco apetitosas). O McDonald's sempre usou hambúrgueres de verdade nas suas campanhas, mas o contexto era sempre "perfeito demais". Era como se aquele amigo que cresceu comigo fosse, hoje, uma pessoa que se veste muito diferente de mim, ouve músicas de que eu não gosto, tem um estilo de vida esquisito e mora bem longe.

Essa mudança não gerou nenhum movimento de boicote ou de cancelamento nas redes. Foi apenas um distanciamento gradual, um "abandono silencioso". Pouco a pouco, os adolescentes foram saindo e indo para outro lugar, onde conheceram novos amigos que pareciam bem mais divertidos.

Nesse caso, um longo processo foi necessário para mudar essa história. Agência (atualmente a Galeria), franqueados, colaboradores, liderança da empresa, todos estavam comprometidos em recuperar o amor pela marca nesse público.

A "mudança" de McDonald's para Méqui não foi só uma brincadeirinha. Ela fez parte de uma estratégia bem maior de reconexão. De mostrar para o nosso público que só a nossa marca tinha um apelido carinhoso usado por eles. Todas as comunicações ganharam mais autenticidade, expressões que saem da boca dos próprios clientes (como "Fome de Méqui"), rituais que nossos fãs fazem (as "Méquizices"), cenas de consumo verdadeiras, pessoas que parecem com o nosso público, falando a linguagem deles. A essência da marca continuou a mesma, mas ela tirou a maquiagem. Parou de tentar vestir-se de um personagem, para tentar mostrar aos consumidores que o seu amigo de infância estava de volta. Parou de falar apenas sobre preços baixos e novos sanduíches promocionais para falar sobre o que a marca falaria se fosse uma amiga de infância.

Hoje parece óbvio o que fizemos, mas, na época, demoramos para entender. E esse erro custou caro. Demoramos três anos para reverter o cenário. Quando saí de lá, a preferência de marca do

DESMARKETIZE-SE

McDonald's era duas vezes maior que a do segundo colocado, inclusive entre os adolescentes. Mas o aprendizado da autenticidade ficou tatuado no meu cérebro. Por favor, não deixe isso acontecer com a sua marca.

SUA VERSÃO QUE MAIS CONECTA

Você não anda de vestido longo e salto alto 24 horas por dia o ano inteiro. Em sua jornada diária, as pessoas têm contato com diferentes versões suas. Você é você quando está de smoking e gravata borboleta no tapete vermelho de uma festa luxuosa. Mas você continua sendo você quando está de camiseta furada em casa com bafo de quem acabou de acordar. Você também continua sendo você de biquíni na praia, cheia de protetor solar, ou de roupa de trabalho. Você também é você quando ganha uma competição e vai para o pódio. Mas também continua sendo você quando fica em último. Nos dias felizes e tristes. No dia da saúde e da doença. No dia do banquete e no dia da bolacha de água e sal. Todos esses são você, e não apenas a versão sofisticada, perfeita, arrumada, sarada, perfumada. Então por que mostrar apenas uma de suas mil versões quando você se comunica com os outros?

Quando você mostra apenas o seu lado "perfeito", perde a chance de criar uma conexão emocional mais profunda com as pessoas. Algo acontece quando se assume vulnerabilidades. Isso sem falar, que uma pessoa perfeita se torna absolutamente distante, fria e chata. Como diria Marilyn Monroe: "Imperfeição é beleza, e é melhor ser absolutamente ridículo do que absolutamente chato".[33]

---

[33] BERRINGTON, K. Marilyn Monroe quotes. **British Vogue**, 1 jun. 2017. Disponível em: https://www.vogue.co.uk/gallery/marilyn-monroe-best-quotes. Acesso em: 6 ago. 2023.

AUTENTICIDADE: PARE DE FINGIR SER QUEM NÃO É

O risco de contar que um dia você tirou uma nota zero na prova é menor do que o risco de passar a vida inteira apenas falando apenas das suas notas dez.

Perceba: as novelas que mais fazem sucesso não são histórias de personagens que nunca erram. As personalidades que mais mobilizam fãs não são pessoas sem defeitos. Cada vez que um jogador de futebol aparece chorando, ele fica menos "super-herói" e mais "parecido comigo". **Ser autêntico é ser menos "quem eu deveria parecer que sou" e ser mais "quem eu realmente sou".** Mas as empresas morrem de medo de deixar as suas marcas serem autênticas.

E SE AS MARCAS TIVESSEM PAIS?

O que você faria se recebesse a missão de adotar um filho adolescente só por três anos? Pense nesta situação: amanhã chegará um *teenager* na sua casa e você tem a missão de cuidar dessa pessoa por trinta e seis meses. Depois deve passá-la para outra família continuar cuidando. O que você faria?

Que situação difícil.

Você tentaria impor ideias e valores pessoais? Se esforçaria para corrigir alguma coisa no comportamento daquele indivíduo? Ou tentaria apenas acompanhar e deixar rolar, mesmo quando se tratasse de algo com que você não concordaria?

Um adolescente é uma vida que chega já com as suas experiências e com os seus conceitos, em um momento da vida cuja imposição de ideias é extremamente difícil, que dirá conseguir mudar como ele pensa ou age.

Guardadas as devidas proporções, esse desafio me lembra muito a situação que nós, profissionais de marketing, vivemos quando recebemos a missão de cuidar de uma marca por um tempo.

Temos um instinto paterno parecido. Já cuidei de vários produtos e muitas vezes me vi em uma situação na qual eu queria muito que o meu "filho" (o meu produto) usasse a roupa que eu gostaria que ele usasse — eu queria mudar a sua embalagem. Também já tive muito desejo de que a minha filha (minha marca) pensasse como eu sobre temas polêmicos. Já me senti mal vendo essa filha apanhar na "escola" — o mercado. E me senti orgulhoso quando o meu filho ficou em primeiro lugar. Até hoje me sinto responsável quando no "boletim" da pesquisa de saúde de marca a minha filha apresenta uma nota baixa. E muitas vezes quis que ela entrasse em uma discussão para defender um ponto de vista que não necessariamente era o dela. Obviamente ser pai e ser marketeiro é muito diferente. Mas esse cuidado tem similaridades.

Toda mãe e todo pai quer o melhor para os seus filhos. Quer que eles cresçam saudáveis. Que tenham valores sólidos. Que fiquem longe de coisas ruins. Que não se metam em encrencas. Que ninguém fale mal deles. E que sejam felizes fazendo coisas que tenham a ver com a sua essência. Mas os pais também sabem que é impossível controlar totalmente os filhos. E nem devem. Os filhos têm sua própria personalidade, estilo e vontade. Cabe aos pais dar a direção, estímulo e impulso. De vez em quando tentar ajustar algo, tirar barreiras da frente e abrir os horizontes. E acompanhar como eles estão se saindo. "Só" isso.

Assim como as crianças, as marcas precisam de mais cuidados no começo. Mas alcançam a maturidade e ganham vida própria. Elas não são nossas. Nós, marketeiros, somos "apenas" guardiões protetores da sua essência. E impor nossas vontades pessoais sobre elas não é a coisa certa a fazer.

Você obrigaria seu filho a fazer uma tatuagem que não tivesse nada a ver com ele? Claro que não. Então não mude a embalagem do seu produto apenas porque você acha bonito. Mude se isso tiver a ver com a personalidade dele e for fazê-lo crescer.

Você adora esportes, mas sua filha não tem tanto talento em atividades que exigem coordenação física. Por outro lado, ela tem uma habilidade impressionante com artes. O que você faz? Da mesma maneira, explore as fortalezas da marca e não a obrigue a ir contra sua natureza.

AUTENTICIDADE: PARE DE FINGIR SER QUEM NÃO É

Muitas dessas marcas de que cuidamos são mais velhas que nós. Têm valores enraizados por mais tempo do que nós temos de vida.

Precisamos ter cuidado e entender que nosso desafio como profissionais de Marketing não é o de deixá-las parecidas conosco, nem o de forçá-las a ser algo que elas "deveriam parecer que são", nossa missão é ajudá-las a continuar relevantes sendo quem são.

AUTENTICIDADE NA PRÁTICA

O que mudar para ser mais autêntico? Pegue agora as peças de comunicação da sua marca e faça um olhar bem crítico. As cenas que você está mostrando são reais? Você está colocando pessoas que se parecem com o seu público? Você está citando situações com que os seus clientes se identificam? Você está usando uma linguagem que poderia ser falada pelo seu consumidor ou está falando como um porta voz oficial da empresa?

Não tem a ver com orçamento, mas com ser verdadeiro.

Assumir que você não é perfeito conecta, porque ninguém é perfeito. O novo marketing quer a proximidade e a identificação de seus clientes, não só aquela admiração distante do modelo aspiracional, impecável, sem falhas.

Marcas também "choram". E não precisam esconder isso. Seus influenciadores não usam apenas o seu produto. E você não precisa maquiar isso. Seus funcionários não querem usar apenas roupas com a cor do logotipo da empresa. E você não precisa exigir isso.

Cada vez que o presidente do McDonald's, na época, o Paulo Camargo, falava em uma entrevista que a carne do McDonald's é "zero por cento minhoca" e cem por cento carne bovina, isso se conectava diferente com o ouvinte. Cada vez que eu começava uma palestra falando "sei que você já pediu um Big Mac sem picles e veio com picles...", isso já mudava a percepção das pessoas.

MARCAS TAMBÉM "CHORAM".
E NÃO PRECISAM ESCONDER ISSO.

[@falajoaobranco
DESMARKETIZE-SE]

AUTENTICIDADE: PARE DE FINGIR SER QUEM NÃO É

Precisamos **acabar com o teatro em que eu me comunico com você sabendo que estou mostrando algo irreal e você consome sabendo que é falso**.

Lembre-se: essa é a coisa que seus consumidores mais gostariam que mudasse nas suas propagandas.

ROUBARAM A MINHA IDEIA. E AGORA?

Você já ouviu uma música que parece muito com um hit famoso? Ou já viu um quadro que lembra outra ilustração conhecida? E quem nunca assistiu a um filme que tinha um enredo parecido com o de outra série?

Tente adivinhar que história é esta: uma criança perde os pais, descobre que tem capacidades extraordinárias, fica isolada por um tempo e depois volta para salvar seus conhecidos. Estou falando do Batman ou da Elsa (de *Frozen*)?

Ou que tal falarmos sobre uma história na qual criaturas se metem em apuros quando seus donos não estão por perto? Esse é o resumo de *Toy Story* ou de *A vida secreta dos bichos*?

Um dos melhores livros de marketing que li recentemente – *Hit Makers*, de Derek Thompson[34] – tenta explicar esse fenômeno: em geral, as obras de arte que caem no gosto popular são justamente as que conseguem misturar elementos conhecidos com novidades.

Não posso afirmar que os casos acima foram intencionais. Mas certamente eles são consequência do processo criativo que todos nós usamos. A verdade é que não inventamos praticamente nada do zero. Estamos o tempo todo observando referências,

---

[34] THOMPSON, D. **Hit makers**: como nascem as tendências. Rio de Janeiro: HarperCollins Brasil, 2018.

inspirações e exemplos de coisas que gostamos por aí. Isso fica bem claro quando temos que escolher um nome para os nossos filhos, por exemplo. Aposto que você ficou buscando ideias em pessoas da família, famosos, livros de significado ou amigos de infância. Buscamos um nome que seja familiar o suficiente para não gerar estranhamento, mas diferente o suficiente para não parecer ordinário. Nosso processo criativo é assim.

O problema é que às vezes abusamos das referências. E copiamos descaradamente. É uma técnica muito conhecida, chamada de "Control C, Control V" e que é amplamente usada no mercado da pirataria, por exemplo. Mas, se analisarmos a fundo, tudo tem um toquezinho de cópia por aí. Aposto que você conhece várias hamburguerias que têm uma opção de "dois hambúrgueres, alface, queijo, molho especial, cebola e picles em um pão com gergelim" no cardápio, ou várias sandálias de dedo parecidas com aquelas que se apresentam como "as originais".

As regras de proteção à propriedade intelectual são rígidas, e você pode conseguir proteção por vias judiciais. Mas, na prática, muita coisa passa por essa porteira. Inclusive as suas criações, que podem acabar sendo usadas a qualquer instante sem a sua autorização.

Alguém já roubou descaradamente uma ideia sua? Já viu seu concorrente lançar o mesmo serviço? Ou um site copiar o seu design? Um post que foi "kibado"? E uma loja que apareceu exatamente com o mesmo nome da sua? Só quem passou por isso sabe a chateação que essa situação carrega. Mas a notícia boa é que normalmente ideias ruins não são copiadas. Se alguém está imitando você, é porque você está acertando em algo.

Vivemos rodeados de ladrõezinhos de ideias por aí. Se você está começando um negócio, pensando em lançar um produto ou serviço, a primeira coisa que tem que pensar é se está oferecendo algo realmente relevante para o seu cliente. Mas, junto com isso, você precisa se perguntar: quão difícil vai ser para copiarem a minha ideia? É aqui que a autenticidade faz toda a diferença. Os outros podem até copiar uma frase, um jingle, um post. Mas nunca conseguirão ser iguais a você.

AUTENTICIDADE: PARE DE FINGIR SER QUEM NÃO É

A autenticidade não é apenas uma maneira de criar um relacionamento mais profundo com os seus clientes, é também a melhor maneira de blindá-la contra malandros copiadores. A outra é a humanização e, por falar nisso, vamos já para o próximo capítulo então!

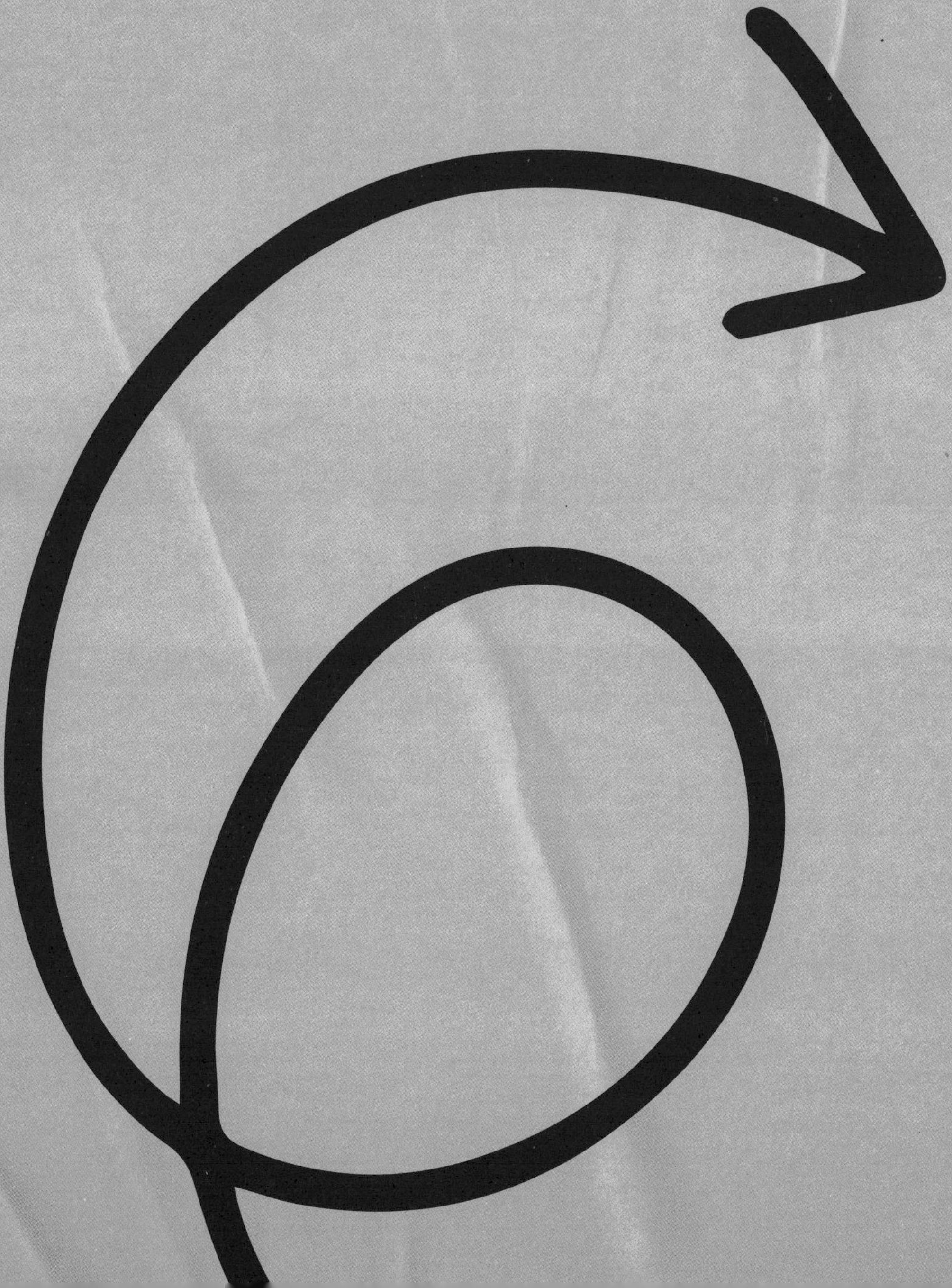

[capítulo 8]

HUMANIZAÇÃO: UMA AMIGA, E NÃO O CARRO DA PAMONHA

> O futuro do marketing
> é humano.
> BRIAN SOLIS[35]

---

35 SOLIS, B. **The end of business as usual**: rewire the way you work to succeed in the consumer revolution. New Jersey: John Wiley & Sons, Inc., 2011.

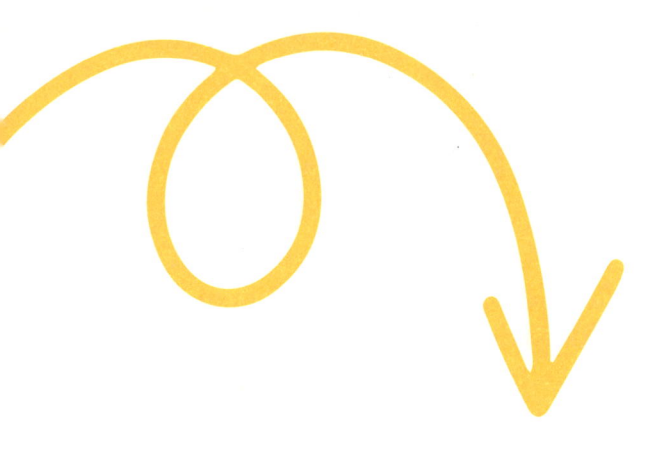

Em seu livro *Isso é marketing*, Seth Godin crava uma grande verdade: **"Os consumidores estão cansados de ser tratados como números. Eles querem se conectar com marcas que sejam humanas e que se importem com eles"**.[36]

O termo humanização tem uma significação muito ampla, mas gostaria de pensá-lo aqui como uma característica da ligação afetiva que pode haver entre uma marca e seu consumidor. Estou falando de uma relação que não é apenas comercial, mas envolve histórias, experiências e emoções.

Em uma época em que quase toda grande marca tem uma "mascote" humanizada para falar de suas qualidades, o consumidor não quer apenas teclar com um avatar, ele quer proximidade e sensação de confiança. Algo mais parecido com o que ele encontra em um amigo do que em um objeto. Uma amizade que tem companhia, sinceridade, momentos felizes, presença, e até perdão, se for necessário. Uma relação que se aprofunda com o tempo, de duas partes que vão se conhecendo e se completando... entregando o que a outra parte precisa.

---

36 GODIN, S. **Isso é marketing**: para ser visto é preciso aprender a enxergar. Rio de Janeiro: Alta Books, 2019.

DESMARKETIZE-SE

MARCAS SÃO COISAS OU PESSOAS?

Se as marcas tivessem "fã-clubes", qual você acha que seria a marca com a maior quantidade de fãs do mundo? É bem provável que você tenha pensado em alguma gigante como: Coca-Cola, Disney, McDonald's ou Apple, certo?

Mas nenhuma dessas chega nem aos pés da quantidade de fãs que tem uma marca chamada Cristiano Ronaldo. Pelo menos isso é o que acontece no Instagram, uma das redes sociais mais populares. Repare o ranking das contas mais seguidas em julho/2023, em milhões de seguidores (excluí a conta @instagram do ranking por razões óbvias):

Milhões de seguidores no Instagram em jul/23

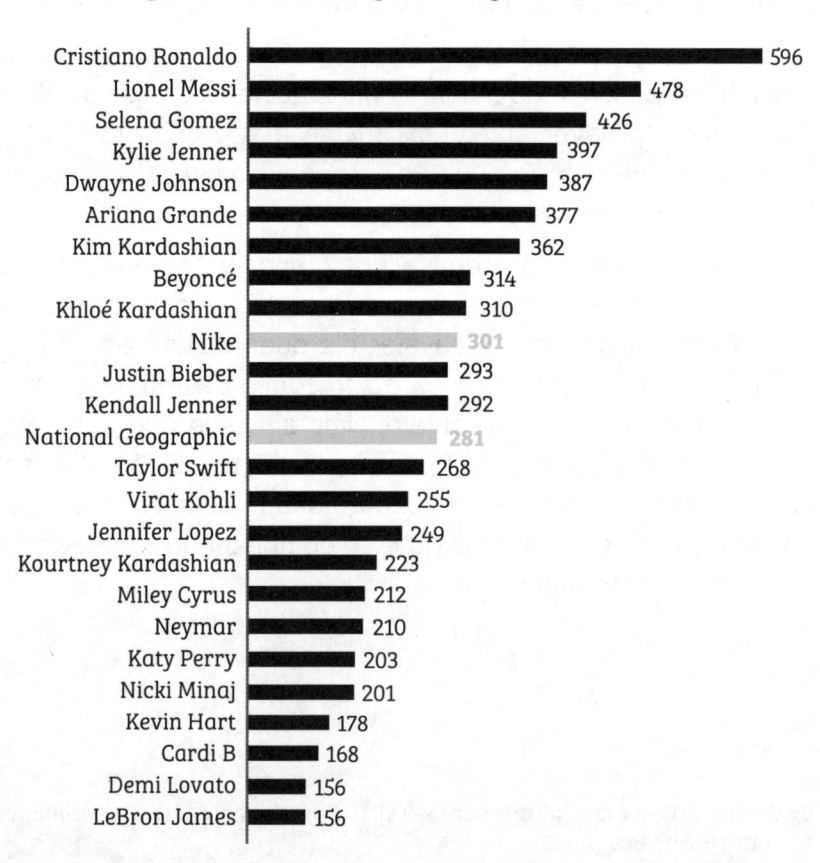

Conta	Seguidores (milhões)
Cristiano Ronaldo	596
Lionel Messi	478
Selena Gomez	426
Kylie Jenner	397
Dwayne Johnson	387
Ariana Grande	377
Kim Kardashian	362
Beyoncé	314
Khloé Kardashian	310
Nike	301
Justin Bieber	293
Kendall Jenner	292
National Geographic	281
Taylor Swift	268
Virat Kohli	255
Jennifer Lopez	249
Kourtney Kardashian	223
Miley Cyrus	212
Neymar	210
Katy Perry	203
Nicki Minaj	201
Kevin Hart	178
Cardi B	168
Demi Lovato	156
LeBron James	156

HUMANIZAÇÃO: UMA AMIGA, E NÃO O CARRO DA PAMONHA

Entre as vinte e cinco contas mais seguidas nessa rede, apenas duas são "marcas" e não perfis de seres humanos. Cristiano Ronaldo tem cerca de vinte vezes mais seguidores que a Apple ou a Disney. Tenho certeza de que as empresas investem pesado para ter conteúdos muito legais em suas páginas, talvez até mais que personalidades dessa lista. Mas não conseguem a mesma relação com seus admiradores. Muito provavelmente nenhuma marca vai conseguir superar a quantidade de tatuagens em seus fãs que o Justin Bieber tem, por exemplo. Isso não é apenas reflexo do sistema de programação da rede social ou da qualidade dos posts. É um fato: **produtos são coisas, e não pessoas. E a conexão que temos com eles é diferente**.

Quer mais uma prova? Entre no perfil da @nike (a mais seguida entre todas as marcas no Instagram) e tente encontrar um post que tenha apenas um tênis à venda. A Nike lança centenas de calçados novos todos os anos, além de roupas, acessórios e materiais esportivos. Sua página poderia estar abarrotada de promoções, explicações e novidades. Mas está cheia de gente. Repleta de histórias. Tem mais olhares do que sapatos. Mais gotas de suor do que chuteiras. Interessante, não? Uma marca que tenta socializar mais do que vender no Instagram. Afinal, isso é uma rede SOCIAL, não uma lista de classificados. Por que quase ninguém entendeu isso ainda?

Vender por vender não é capaz de criar conexões tão profundas. Eu me sinto amigo de uma celebridade, me apaixono por um cantor, me emociono com uma dançarina, torço por um atleta, defendo uma artista polêmica no grupo de amigos. Mas... um produto? É só uma caixinha de qualquer coisa tentando esvaziar o meu bolso ali na prateleira.

É fazendo promoções o tempo todo e empurrando coisas que as marcas querem ser amadas?

VAGA ABERTA PARA CUPIDO SÊNIOR

Por que o engajamento dos posts da minha marca não chega aos pés do das fotos que as celebridades compartilham? Por que

CLIENTES SE CONECTAM + COM PESSOAS DO QUE COM COISAS.

@falajoaobranco
DESMARKETIZE-SE

HUMANIZAÇÃO: UMA AMIGA, E NÃO O CARRO DA PAMONHA

os meus clientes não são tão fiéis quanto os membros de uma igreja? Seria possível deixar os meus consumidores tão apaixonados pelo meu negócio quantos os integrantes de uma torcida organizada? Ou será que um dia a minha marca seria capaz de mobilizar pessoas como os partidos políticos conseguem fazer?

Essas perguntas têm me atormentado. E exigem respostas. Na tentativa de buscá-las, passei pela desculpa esfarrapada de que "a culpa é do algoritmo" e pelo pensamento de que "relações com marcas sempre serão superficiais". Mas, na verdade, precisamos admitir: talvez a culpa seja nossa.

Quem se propõe a ser realmente amado por uma multidão não vai conseguir isso por meio de uma comunicação constante de "leve 2, pague 1" nem por meio de uma campanha isolada que viralizou sem querer e foi muito comentada.

Falo sobre isso com propriedade, paixão e dores nas costas, porque fui parte do grupo que carregou o piano de querer construir a marca do "amo muito tudo isso". Mas até onde vai esse amor?

Para fazer este livro, conversei com pessoas que abalaram as minhas crenças técnicas. Aquele tipo de abalo que acontece quando um foguete decola pela primeira vez rumo a um universo que nunca foi visto de perto. Achamos que conhecemos o céu e os planetas pelas coisas que aprendemos na escola e pelo que vemos nas lunetas. Mas vê-las de perto é uma experiência totalmente diferente. A chave virou enquanto eu falava com gente muito diferente, de outros segmentos e com outras práticas. Mas que sabe muito mais de "marketing" do que eu imaginava.

Por exemplo, um experiente marketeiro político me explicou: "Propagandas de sabão tentam convencer você com informações de que o produto Y é a melhor opção porque deixa a sua roupa mais branca, mas uma campanha política pretende não deixar você dormir caso não vote no candidato Y. Uma coisa é informar, conversar, entreter. Outra coisa é mexer com a sua moral".

Já um grande cantor sertanejo me contou: "Todos os artistas precisam 'trocar de roupa' constantemente para mostrar ao público que eles estão acompanhando os seus gostos".

Um humorista bastante popular me disse: "Não vou agradar a todos, mas para o meu público eu tenho que ser a única opção".

E um gestor de um dos maiores podcasts do Brasil me revelou: "Quanto mais as pessoas tiverem acesso ao meu conteúdo, mais vão querer acompanhar o que eu faço. Então compartilhar constantemente e gratuitamente trechos interessantes do meu trabalho não é trabalhar de graça. Esse é o trabalho gratuito mais bem remunerado que eu posso fazer".

Quantos pensamentos interessantes. Fica evidente que não são apenas as marcas que estão tentando seduzir as pessoas. E que há muitas maneiras de cultivar essa paixão.

No dia a dia, ficar focado em medir se as pessoas estão preferindo você a seu concorrente direto só vai fazê-lo ficar mais parecido com ele. Se você quer construir uma relação única com os seus consumidores, o segredo está em ir além. Fazer por eles algo que ninguém mais faz no seu mercado. Ativar uma parte do cérebro que ninguém mais ativa. Fazer o coração bater em um ritmo diferente.

Chega de cantadas manjadas. Para satisfazer quem está à procura de um grande amor na sua categoria, talvez você precise de um novo cupido. Ou seja, uma nova maneira de se comunicar com eles.

UMA MARCA NOS MEUS CONTATOS

Historicamente é possível observar várias tentativas de marcas que criaram estratégias para ter uma relação mais humana com os consumidores. Algumas marcas contratam garotos-propaganda e o usam por muitos anos... lembra-se do Sebastian da C&A? Da Xuxa com Monange? Vimos a evolução desse modelo de transação, em que a própria celebridade vira sócia do negócio: como a rede de salões de beleza da Juliana Paes ou as escolas de natação do Gustavo Borges. Há ainda as marcas que usam mascotes, como o tigre do Sucrilhos Kellogg's, o rei do Burger King ou a "galinha azul"

HUMANIZAÇÃO: UMA AMIGA, E NÃO O CARRO DA PAMONHA

do caldo Maggi. E ainda as que colocam olhinhos, bracinhos e perninhas dando vida ao seu próprio produto como o Dollynho, o Toddynho e os M&Ms. Mais recentemente, vemos a onda de avatares como o CB das Casas Bahia e a Kora da Coca-Cola, entre tantos outros. E, por fim, os próprios fundadores e funcionários da empresa virando embaixadores naturais de um negócio de que fazem parte, como a Luiza Helena Trajano, do Magalu, e o Caito Maia, da Chilli Beans.

Saber que eu posso escrever uma mensagem para a dona da loja e ter o meu problema resolvido é muito diferente da sensação de interagir com uma marca que tem apenas um serviço de atendimento burocrático e automatizado que demora três dias para me enviar por e-mail uma resposta padrão.

Uma parcela da minha simpatia pela marca de roupas Reserva vem do fato de eu gostar do Rony Meisler, seu fundador. Uma parte de eu gostar do McDonald's é porque o "João do Méqui" interage comigo nas redes como se fosse meu amigo.

Sigo uma comissária de bordo superdivertida no Instagram. Ela posta a sua rotina, curiosidades dos voos e histórias de atendimentos a clientes. Ela fala de uma maneira tão carinhosa da sua companhia aérea que eu acabei querendo voar mais nessa empresa só por causa dela. Também acompanho o canal no YouTube de um frentista. Ele mostra os perrengues do dia a dia no posto de gasolina, explica sobre qualidade de combustíveis e mostra também muitas brincadeiras com um cachorrinho que eles adotaram por lá. O conteúdo dele é tão legal que eu sempre lembro primeiro dessa marca na hora de abastecer o meu carro. Esses são apenas dois exemplos que poderiam acontecer comigo e que tenho certeza de que vão explodir nos próximos anos. As empresas estão percebendo que seus funcionários são uma das melhores maneiras de conectar com o seu público, justamente porque são mais... humanos. Quem melhor para me confirmar se o leite do Starbucks é puro do que uma pessoa que trabalha lá e me conta a verdade sobre tudo que acontece na cozinha?

Enquanto muitas companhias ficam bravas ou morrem de medo do que os seus colaboradores compartilham nas redes, outras entenderam que aqui existe uma oportunidade imensa de conexão autêntica e humana. Algo que as marcas ainda não conseguem fazer, porque preparam comunicações cheias de "cerimônia". O medo vem pela falta de controle, eu sei. Mas vamos precisar aprender com isso se quisermos aproveitar essa chance.

A verdade é que, para o cliente, uma pessoa que trabalha na sua empresa é a sua empresa. Se a pessoa que está no caixa da Renner o tratou de um jeito que você amou, foi a Renner que o tratou bem. E o oposto também é verdadeiro. Cada pessoa com um uniforme, um crachá, um e-mail ou uma representação de uma marca é capaz de construir ou destruir a sua imagem. E o impacto que elas causam é maior do que qualquer propaganda. Quando a enfermeira do hospital tira o meu sangue com todo cuidado do mundo, isso constrói mais confiança para aquela marca de hospital do que qualquer anúncio seria capaz de fazer. Esses impactos são incomparáveis. Mas quando o marketing fica mais humanizado, conseguimos dar um pouquinho desse efeito à publicidade.

Pense com a seguinte lógica: e se a minha marca fosse um contato no WhatsApp dos meus clientes? Não estou falando de um perfil comercial, um chatbot ou um canal de atendimento. Estou falando de uma amiga, um "parça", uma "BFF", um "contatinho". Imagine se você tivesse uma loja de roupas, e uma das suas clientes mais assíduas mandasse uma mensagem às 19 horas para o perfil da marca escrevendo: *"Oie! Me ajudaaa?? Hoje no rolê vou conhecer alguém especial e quero impressionar. Que lookinhos você me sugere??"*. Uma conversa assim parece totalmente distante da sua realidade? É porque a sua marca está muito longe de ser uma amiga das consumidoras. Meu sonho é que o meu cliente queira puxar conversa com a minha marca. Queira saber que música ela está ouvindo, papear sobre o jogo de futebol de ontem, pedir conselhos para a sua vida amorosa.

Esse tipo de conexão se constrói em cada ponto de contato, em cada chance de "falar" com essa pessoa. Enquanto há embalagens de sucos que escrevem propositalmente o rótulo em letras minúsculas e com cores de letras sem contraste, para que ninguém consiga ler os números para reclamações, tem marcas que fazem questão de escrever bem grandão: "Adoramos quando você liga pra gente!". O suco Do Bem, por exemplo, coloca assim no rótulo: "Fale com os nossos suqueiros. Se está sem tempo: (e-mail). Se quer bater um papo: (telefone), ou se preferir tomar um suco com a gente: (endereço)". São detalhes que humanizam. Obviamente fazer apenas isso não muda quase nada, mas quando TUDO é assim, a marca ganha vida. Fazer marketing com humanização é pensar dessa maneira o tempo todo e **garantir que todas as comunicações saiam com a linguagem que o seu público espera para a sua marca se ela fosse sua amiga**. Tem a ver com sensibilidade, identificação, personalização.

A PERGUNTA FUNDAMENTAL: UM AMIGO FARIA ISSO?

Escrever um livro é algo que demanda concentração, tempo, silêncio. Preciso estar focado. Preciso conseguir raciocinar, sintetizar, argumentar. E quero dar o meu melhor para você. Mas, enquanto estou escrevendo este parágrafo, um fenômeno marketeiro acontece na minha rua: o famoso carro da pamonha está passando. "Pamonha, pamonha, pamonha. Pamonha de Piracicaba. Pamonha, pamonha, pamonha. Pamonha de Piracicaba. Pamonha, pamonha, pamonha. Pamonha de Piracicaba". Essa expressão já foi repetida mais de cem vezes, no último volume. Responda com sinceridade: alguém que se importa comigo de verdade faria isso? A pamonha dele pode ser a mais gostosa do mundo. E eu entendo o fato de ele ficar lá tanto tempo, pois precisa me dar a chance de alcançá-lo antes que vá embora. Mas ele sabe que, entre as centenas de pessoas que estão em suas residências neste momento, apenas algumas vão querer pamonha e muitas outras vão ficar incomodadas. Ainda assim, ele continua. Um amigo faria isso comigo?

Um amigo me ligaria às 5 horas da manhã para oferecer um pacote de dados no celular? Um amigo me enviaria vinte e-mails por dia com promoções de ração sendo que eu nem tenho cachorro?

DESMARKETIZE-SE

Um amigo me deixaria ler os primeiros dois parágrafos de uma notícia e depois me diria que preciso pagar 8,90 reais para ler o resto? Um amigo me obrigaria a pagar caso eu quebre um copo acidentalmente na sua casa? Um amigo tentaria me vender um presente de Dia das Mães sabendo que eu perdi minha mãe cinco anos atrás em um horrível acidente?

Eu poderia escrever trezentas páginas de exemplos de coisas que marcas fazem e que amigos nunca fariam. Isso desumaniza a sua marca. Isso mostra que você não tem sentimentos. Isso prova que você é uma coisa, não uma pessoa. Esse é o marketing que parece marketing.

Esses gestos e atitudes da propaganda fazem com que quem está do outro lado, necessitando de alguma ajuda, perceba que não tem ninguém ali, é só uma máquina, um sistema impessoal, para o qual você não é nada mais do que um número. Isso cansa, aborrece, estressa, "desapaixona".

Imagine alguém que teve seu carro roubado e precisa desesperadamente falar com a seguradora. Essa pessoa liga, mas quem atende é uma central, um robô de voz amistosa, falsa e muito serena, que antes mesmo de atendê-lo o faz escutar uma lista de avisos de que você não precisa. E, em meio a todas as opções que o robô calmo lhe oferece, não há opção de falar com uma pessoa. Você fica na espera e escutada pausadamente que é "o décimo quinto de uma fila de espera, muito obrigado pela sua compreensão". Musiquinha aleatória começa a tocar, seguida por uma divulgação de uma causa social apoiada pela seguradora e a gravação de um depoimento de um cliente feliz. "Aguarde só mais uns minutos, você ainda é o décimo quinto da fila." Se a linha não cair, se a sua paciência suportar e se você anotar o código de protocolo de 129 dígitos, será direcionado para outro menu. É uma emergência, meu amigo!!!!! Ou melhor, era.

Não estou sendo contrário à tecnologia. De modo algum. É sensacional quando um pronto-socorro usa tecnologia para formar as filas de maneira inteligente. Quando lojas usam tecnologia para acelerar o processamento da forma de pagamento. Quando um streaming usa tecnologia para me sugerir um filme sensacional baseado no meu histórico. Quando uma assistente de voz me ajuda a saber a previsão do tempo enquanto dirijo. Mas estou **usando a tecnologia para fazer algo ainda melhor do que meu amigo faria**. Esse é o ponto.

ROBÔS HUMANIZADOS, PESSOAS AUTOMÁTICAS – ALGO DE ERRADO NÃO ESTÁ CERTO

Neste exato momento, uma rede de franquias de design de sobrancelhas está treinando suas funcionárias para serem mais produtivas, ensinando-as a atenderem as clientes usando sempre as mesmas frases, com um atendimento ultraengessado e uma mínima interação humana. A palavra de ordem é padrão e agilidade.

Enquanto isso, a vovó Antônia está em casa fazendo um capuzinho de crochet para alguém que a ajuda muito: a Alexa. Dona Antônia acha divertidíssimo pedir a ela que lhe conte uma piada, que toque sua música favorita e apague as luzes.

O que está acontecendo? Até os robôs entenderam que serão mais queridos se parecerem mais com um humano.

É na nossa sensibilidade que está a conexão emocional e a construção de uma marca blindada, que gera fidelidade, preferência e menos dependência de promoções.

Em 2017, a Nielsen publicou um estudo, chamado "The Power of People in Advertising", que comprovou que anúncios com imagens de pessoas são 30% mais propensos a serem lembrados do que os anúncios com imagens de objetos. **Preferimos ver gente a objetos. Mostre humanos. Seja humano. Humanize o seu marketing.**

Humanizar uma relação é permitir que as partes se identifiquem, é construir pontes, criar um solo em comum.

Você quer realmente abrir um canal de comunicação com alguém? Mostre que você entende o seu mundo. Prove que

você conhece as suas dores. Dê risada das coisas que ele acha divertidas. Esforce-se para falar como ele fala.

Eu já trabalhei com absorventes femininos e com pomada de assadura de bebês (antes de ter filhos). Parece mais fácil entender as dores dos clientes que parecem mais conosco, mas na verdade é mais perigoso. Quando isso acontece, tendemos a achar que já sabemos tudo do cliente e nos esquecemos de tentar descobrir a melhor maneira de falar com eles. Quando trabalhei com a Nutella, testamos uma campanha que dava a entender que as mães que capricham no café da manhã são as melhores mães do mundo. Precisei de cinco segundos para entender que era um erro gravíssimo. Todas as mães que viam essa comunicação faziam careta. Se sentiam cobradas, diziam que já desistiram de ser a melhor mãe do mundo e que queriam apenas ser a melhor mãe possível. Fomos ao ar com uma comunicação que dizia que os filhos precisavam de energia para fazer as coisas pela primeira vez e que as mães queriam fazer parte disso. Cenas reais de crianças desajeitadas amarrando o cadarço pela primeira vez, tocando violão pela primeira vez, andando de bicicleta pela primeira vez. Muuuito melhor. Mais real, mais humano, mais parecido com a minha realidade e, também por isso, mais emocionante.

Sua marca precisa transmitir credibilidade? Transmita credibilidade de maneira humana. Sua marca é sarcástica e divertida? Seja sarcástica e divertida de maneira humana. Sua marca se liga a desempenho e economia? Entregue desempenho e economia de maneira humana.

É preciso ter empatia, sensibilidade e criatividade para aproximar uma marca de seu cliente de modo que ele se sinta à vontade. Cada marca tem sua história, seu tom de voz, sua personalidade. Mas ela deve descer do salto e falar com os clientes na altura dos seus olhos, do jeito que eles gostam de conversar. Com sentimentos, não apenas argumentos. Como pessoas, não como robôs.

Devemos facilitar, simplificar, "omnicanalizar", mas não distanciar. Não desumanizar. Seu cliente quer sentir que você se importa com ele como pessoa. Todos os dias. Todos os dias. Todos os dias. Por que estou sendo tão repetitivo? Você vai entender no próximo capítulo.

SEU CLIENTE QUER SENTIR QUE VOCÊ SE IMPORTA COM ELE COMO PESSOA.

@falajoaobranco
DESMARKETIZE-SE

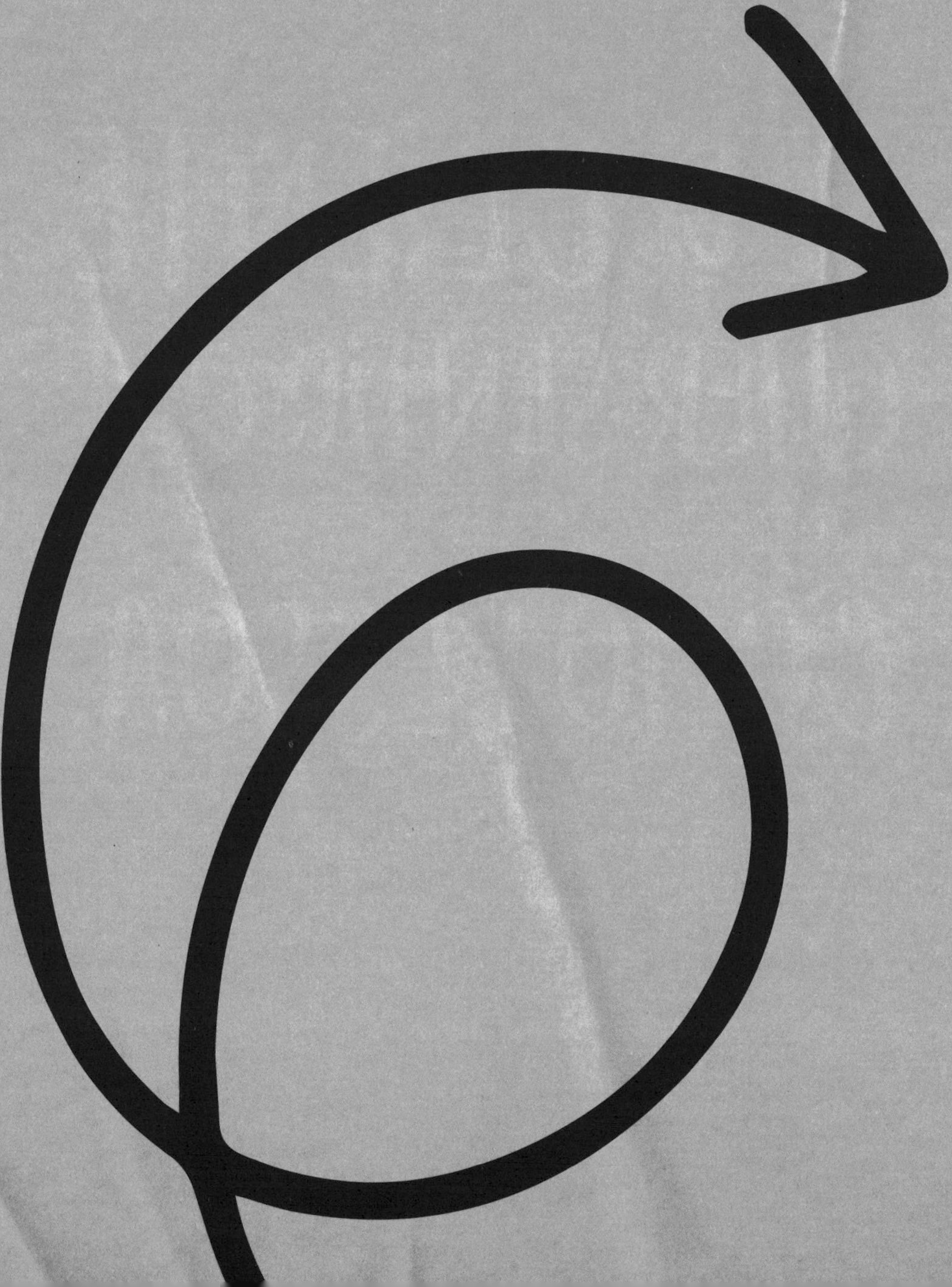

[capítulo 9]

CONSISTÊNCIA: SEMPRE PRESENTE

❙❙ A repetição é a chave para a familiaridade, e a familiaridade é a chave para a confiança. ❙❙
DAViD OGiLVY[37]

---

[37] OGILVY, D. **Confissões de um publicitário**. Rio de Janeiro: Bertrand Brasil, 2011.

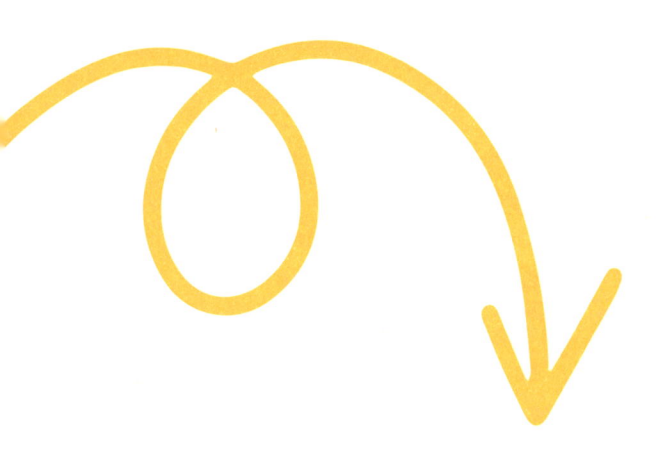

Essa frase de David Ogilvy está em seu livro publicado na década de 1960 e, por muitos anos, foi citada para embasar planos de divulgação que garantissem que as pessoas vissem o seu anúncio várias vezes. Na linguagem dos diretores de marketing, isso tem relação com fazer um plano de mídia em que no mínimo 60% dos brasileiros vejam o seu comercial ao menos cinco vezes durante a veiculação, por exemplo. Mas, no momento atual, com "multitelas", segmentação de mensagens e atenção dispersa, estou muito mais preocupado com a constância, coerência e consistência do que com a simples repetição de um vídeo. Esclarecendo: **a insistência é capaz de vender, mas a consistência é capaz de vender muito mais.** Não tem a ver com importunar, mas com ser coerente e constante.

ISSO É UMA PIADA

Tenho um amigo que é aficionado por shows de humor. Ele acompanha diversos humoristas e grupos, não perde nenhum show em sua cidade e ainda se esforça para ir às cidades vizinhas. Maurício foi mais longe e começou a pesquisar seu gosto, a biografia dos humoristas e o que se passava por trás dos bastidores. Foi com Maurício que fui a um espetáculo e reparei algo curioso. Estávamos todos sentados esperando o artista, quando ele subiu no palco e

DESMARKETIZE-SE

falou três palavrões em qualquer ordem, a plateia simplesmente foi ao delírio. Eu também achei engraçado, mas confesso que fiquei com uma pulga atrás da orelha. Por que todos estão rindo se ainda não houve nenhuma piada? Por que eu sorri se aquelas três palavras em qualquer outro contexto me afastariam?

Conversando com Maurício, revisamos a estrutura da sessão de humor. Descobrimos que o riso começa muito antes do show, em casa ainda, ou até antes. Um bom comediante conquista algo muito importante, vamos chamar de predisposição ao sorriso. Quem sai de casa para o evento já o conhece, se comoveu com suas tiradas em algum lugar no passado. O público senta nas cadeiras convencido de que aquele cara é muito engraçado. Ele não está com o jogo ganho, porque cada público é diferente, mas é como se ele já começasse vencendo de 2x0.

Como os comediantes fazem para ter essa "predisposição"? O marketing também é capaz de fazer isso pelo seu produto. Toda vez que você vê uma marca, desperta um conjunto de associações dentro de você. Quando olha para um logotipo da sua churrascaria preferida, lembra-se do cheirinho da carne. Se vê uma marca de eletrônicos, lembra que eles o trataram muito mal quando você precisou trocar um equipamento que estava quebrado. Você olha para o seu sapato preferido, lembra que no dia das mães eles fizeram uma campanha que tocou muito forte no seu coração. Mas você também olha para muitas coisas que despertam pouco ou nenhum sentimento. O que vem à sua cabeça quando pensa na marca de sal que você usa? Ou qual era mesmo a marca que aparece naquela propaganda com pôneis cantando enquanto divulgam um carro? Como era mesmo o nome daquele comediante que você ouviu uma única vez?

Aquelas pessoas que estavam no show, rindo antes mesmo de qualquer piada, tinham uma coisa em comum: elas já haviam visto aquele humorista. Várias vezes. E todas foram situações muito engraçadas. Elas já assistiram a vídeos hilários dele no YouTube. Acompanhavam trechinhos muito engraçados que viralizam nas redes sociais. Já o viram fazendo uma participação em um programa de TV. Já acompanharam o dia em que ele foi a um podcast. Receberam piadas dele no grupo de amigos. E sempre foi engraçado. Sempre. Essa predisposição se constrói com constância e consistência.

Os passos anteriores da relevância, autenticidade e humanidade não constroem essa predisposição na mentalidade do público se não estiverem enlaçados com a regularidade nos pontos de contato, nos temas abordados, no tom de voz. Isso se consegue sendo repetitivo, constante e garantindo que, em todo "encontro" com o cliente, a marca se apresente como a mesma pessoa, que tem a mesma personalidade, as mesmas atitudes, o mesmo "jeitão". **A confiabilidade só nasce em um ambiente em que há consistência.**

SÓ ÀS SEGUNDAS-FEIRAS

Pedro foi meu aluno. E, de tanto me ouvir falar sobre esses assuntos, decidiu fazer uma "pesquisa de mercado" sobre sua imagem com sua família e seus amigos. Ele queria entender onde estava a sua "marca pessoal" nesse círculo mais íntimo. Como são pessoas com quem ele tem liberdade, chamou um a um e fez um pedido franco: "Gostaria que você me ajudasse me contando com sinceridade o que você acha de mim". Pedro perguntou do seu comportamento e das percepções que seu estilo passava. Ele queria realmente descobrir como era visto pelos outros.

Com a abertura que deu, conseguiu descobrir muitas coisas interessantes. Uma delas doeu na sua alma. Com muito tato e com a intenção de ajudar, quase todas as pessoas próximas de Pedro contaram que o achavam uma pessoa muito grossa. Pedro percebeu que maltratava muita gente. Batia na mesa, gritava, xingava, era mal-educado. Ele estava longe de ser uma pessoa doce e agradável, era um vulcão em constante erupção, jorrando grosserias para quem estivesse ao redor.

CONSISTÊNCIA GERA CONFIANÇA.

[@falajoaobranco
DESMARKETIZE-SE]

CONSISTÊNCIA: SEMPRE PRESENTE

Pode parecer simples perceber isso, mas Pedro nunca tinha percebido o quanto estava agindo dessa maneira. E, nesse processo, tomou uma decisão firme consigo mesmo: "A partir de hoje, em toda segunda-feira, vou tratar todos muito bem. Começarei o dia sendo gentil, falarei palavras positivas, vou me controlar para não gritar com ninguém e jamais xingarei novamente em uma segunda-feira". E assim Pedro mudou. Só às segundas-feiras. E permaneceu como era antes, entre terça e domingo.

O que você acha que vai acontecer? A imagem de Pedro vai deixar de ser a de uma pessoa grosseira por causa disso? Ou ele vai parecer uma pessoa que ficou esquisita? Repare que talvez essa mudança seja ainda pior para a imagem de Pedro, pois, agora, além de grosseiro, ele também é imprevisível.

CONSISTÊNCIA É BLINDAGEM

Se um salva-vidas que salva dezenas de pessoas por semana assassinar um homem, ele passa a ser lembrado como assassino. Mas se um *serial killer* que mata dezenas de mulheres por mês salvar a vida de uma criança, ele não vira um salvador de pessoas.

Gosto de usar exemplos extremos. Essa comparação bizarra é uma prova de como é muito mais fácil destruir reputação do que a construir. Podemos fazer o mesmo pensamento com casos mais brandos. Se um monge for pego roubando uma gravata, o que acontece com ele? Na opinião popular, vira um ladrão. Mas e se um jogador de futebol com fama de descabeçado fizer uma bela doação de alimentos para quem está com fome? Vira um inconsequente que tem lapsos de boas ações, talvez por peso na consciência ou porque está tentando parecer bonzinho. É assim que a maioria pensa.

Somos avaliados o tempo todo. E os julgadores buscam justamente os defeitos, os detalhes que nos condenam, os "telhados de vidro" ou, na linguagem do Marketing, as inconsistências. O mesmo acontece com as marcas.

DESMARKETIZE-SE

Em dias em que pequenos deslizes ganham notoriedade mundial, construir uma reputação para você ou seu negócio é mais difícil que as missões do Tom Cruise.

"Esse banco fala na TV que simplifica a minha vida, mas estou há duas horas tentando cancelar o cartão de crédito."

"Essa loja de roupas diz que valoriza a diversidade, mas só mostra fotos de modelos que seguem o mesmo padrão estético."

"Essa empresa de software se vende como supertecnológica, mas pediu que eu preenchesse um formulário carbonado para abrir a ordem de compra."

"Essa marca de cosméticos fala que se importa com o planeta, mas a embalagem não é reciclável."

Quem nunca ouviu algo assim? É verdade que há muitos marketeiros exagerados por aí desafiando os limites da ética. Mas também é verdade que há muita gente gritando quando encontra um "pelo no ovo" de uma empresa mesmo sem nem saber se o fato é verdadeiro ou considerar o seu histórico.

Já que apenas com esse texto eu não vou conseguir convencer a sociedade a elogiar mais, vou me focar em fazer algo que cause um resultado mais prático: recomendar que a construção da sua imagem seja a mais consistente possível.

Consistência é repetir o tempo todo a mesma coisa. É falar, de maneiras diferentes, a mesma mensagem em cada ponto de contato, em cada contexto, para cada pessoa. É usar no atendimento do balcão, na assinatura do e-mail, na música de espera do SAC, no letreiro que está na recepção, no post da rede social, no panfleto que é distribuído no bairro, no resultado da busca do Google, no podcast ou na propaganda que vai aparecer no outdoor a mesma essência. Usar o mesmo tipo de letra, as mesmas cores, o mesmo tom de voz e o mesmo slogan ajudam, mas é muito mais do que isso. É tentar fazer com que simplesmente t-u-d-o que os consumidores virem de uma marca aponte para a mesma direção. Tudo. Toda vez. Repetidamente. E de novo. E de novo. E de novo. Até que ela acumule um crédito tão grande que isso proteja o seu telhado de pedradas (pelo menos por algumas horas).

Preferimos um comportamento regular, porque é previsível e assim sabemos como lidar com ele, a um comportamento errático que não se sabe quem se é hoje, nem quem será amanhã.

O mesmo vale para sua imagem pessoal. Quem é o ser humano mais honesto que você conhece em todo o mundo? Se lhe dissessem que essa pessoa contou uma mentira, você acreditaria logo de cara? Provavelmente não, porque ela tem esse crédito com você. Isso é reputação. E isso se constrói ao longo dos anos.

Sua empresa quer ser reconhecida como excelente no atendimento? Sua marca quer uma reputação de qualidade? Quer ser admirado pela sua responsabilidade social? Seja repetitivamente consistente. Aqui estão três passos infalíveis para construir uma reputação: 1. seja consistente; 2. seja consistente; e 3. se achar que já está bom, resista à tentação e continue sendo ainda mais consistente.

PRESTE ATENÇÃO AOS BRÓCOLIS

Você gosta de brócolis? Um estudo comprovou que 70% das crianças nascem odiando o sabor desse vegetal. Pode reparar: até no mundo animal, os brócolis estão no fim da lista dos pratos preferidos. Seu gosto amargo afugenta paladares inexperientes. E escolho mencionar a "inexperiência" de propósito. Porque a principal razão para existir muitas pessoas que comem essas mini-arvorezinhas verdes hoje em dia está na insistência de seus pais.

Estudos mostram que, em geral, depois de quinze (isso mesmo, quinze) sessões de consumo de brócolis misturados a alimentos mais apetitosos, nós começamos a "suportar" a presença desse item no menu. Depois nos acostumamos com ele. E até começamos a achar que é gostoso. Se isso não acontecesse, a ciência diz que os brócolis seriam mais odiados do que o coentro.[38]

---

[38] GHOLIPOUR, B. Bitter broccoli? Genes may be behind our taste preferences, study finds. **HuffPost**, 9 dez. 2013. Disponível em: https://www.huffpost.com/entry/bitter-taste-genes-broccoli_n_3913961. Acesso em: 21 ago. 2023.

DESMARKETIZE-SE

Esse caso nos ensina algo valioso: o poder da insistência. Quando comemos, ouvimos, vemos algo por consecutivas vezes, nossas percepções mudam. A repetição gera memorabilidade, que gera familiaridade, que gera popularidade, que gera cada vez mais popularidade.

Pense como foi o processo até você gostar de comer peixe cru. Ou como foi começar a gostar de ouvir funk. Ou ainda como foi que você se acostumou com uma nova moda no seu guarda-roupa. Tudo seguiu o mesmo processo dos brócolis.

A princípio, você achou bizarra a ideia de usar uma calça com aquele corte esquisito que apareceu no desfile de moda. Depois começou a ver essa peça nas vitrines das lojas. Aí percebeu que alguns artistas a usavam em propagandas. Até que notou que algumas pessoas ao seu redor – inclusive aquela sua amiga próxima – estavam combinando essa peça com outras que você também tinha em seu armário. E não é que elas estavam muito bem vestidas? Finalmente, quando abriu sua rede social, viu essa iguaria por um "preço imperdível" e... click!

Talvez tenha sido necessário que você visse essa calça pelas mesmas quinze vezes por aí antes de se acostumar com ela. Alguns poucos se apaixonam à primeira vista. Outros precisam de ainda mais insistência. Mas toda novidade exige essas repetidas aparições até que nos familiarizemos com ela. Isso vale para novos produtos, novos serviços, novos estilos e até novas ideias.

Você trabalha com inovação? Está tentando vender uma solução diferente para um problema? Quer criar uma nova "moda"? Ou convencer seus clientes a mudarem de hábitos? Não se esqueça: você precisa ter paciência e ser insistente. Precisa repetir várias vezes a mesma mensagem e ir chegando mais perto do seu cliente até que ele se acostume com essa ideia. Claro que persistir eternamente em um produto que não vende nada não é a estratégia correta. Mas não desista cedo demais. Principalmente se você está buscando uma mudança grande na percepção das pessoas.

CONSISTÊNCIA: SEMPRE PRESENTE

A cada garfada que damos na salada, somos abastecidos de vitaminas, minerais e uma aula de marketing: **quanto mais pessoas acharem que brócolis são gostosos, mais gostosos serão os brócolis**.

MENOS CAMPANHAS, MAIS CONVERSAS

Você quer que os seus brócolis sejam conhecidos por serem gostosos? Por serem nutritivos? Por serem de origem sustentável? Ou por serem o único vegetal do planeta com o dobro de vitaminas? No capítulo sobre relevância, falamos da importância de escolher poucas coisas muito importantes que você faz pelo seu cliente melhor que seus concorrentes. Agora é hora de bater nessa tecla todos os dias. Apenas nessa tecla. Todos os dias.

Por que insisto nisso? Por causa da estatística da *Premier League*, a liga profissional de futebol do Reino Unido: jogadores de futebol que chutam mais a gol têm uma média de 0,16 gols por chute, enquanto os jogadores que chutam menos a gol têm uma média de 0,08 gols por chute.[39] Pode parecer óbvio, mas não é. As marcas grandes, no geral, concentram seus investimentos em poucas ações, que são bem delineadas, discutidas, testadas e executadas. Muitas empresas confundem o benefício de fazer um planejamento estratégico baseado em poucas prioridades com a necessidade de fazer investimentos de comunicação concentrados em poucas campanhas no ano. Quando você estabelece um esquema de marketing em que coloca todas as fichas em uma ou duas campanhas, você monta uma tática de guerra baseada em apenas dois tiros de canhão. Mas como serão poucos tiros, você gasta um tempão estudando o melhor ângulo, a força exata, o formato ideal da bola, a posição do canhão... porque você não pode

---

[39] WESTCOTT, J.; KRUSTRUP, P.; BANGSBO, L. The relationship between shot volume and goal scoring in the English Premier League. **Journal of Sports Sciences**, 2014.

– CAMPANHAS,
+ CONVERSAS.

[@falajoaobranco
DESMARKETIZE-SE]

CONSISTÊNCIA: SEMPRE PRESENTE

errar de jeito nenhum. É possível ganhar uma batalha assim. Mas, pela teoria dos chutes a gol, é menos provável.

Eu me lembro muito bem da sensação de ter concorrentes assediando os clientes do McDonald's todos os dias nas redes sociais com brincadeirinhas que viralizavam enquanto eu estava apenas me preparando para fazer um grande movimento dali a três meses. Naquele ano, pesquisei quantas músicas a Anitta havia gravado e percebi que ela tinha lançado, em média, uma por semana. No passado, os cantores ficavam o ano inteiro produzido um álbum. Mas o mercado mudou. Agora é melhor você ter sempre alguma coisa nova na lista dos sugeridos do Spotify do que lançar tudo de uma vez e ficar em destaque apenas em um momento do ano. A Anitta estava chutando a gol cinquenta vezes no ano. Não percebíamos que eram tantos, porque apenas três ou quatro eram grandes hits. Mas esses causavam um impacto tão grande que davam a impressão de que ela acertava todos. O público que eu precisava reconquistar no Méqui era parecido com o público dela, e todos sabemos que o cliente tem fome pelo menos duas vezes ao dia. Conclusão: precisamos estar na boca das pessoas. Literalmente. Comendo Méqui e falando sobre Méqui. Lembrando da nossa marca em cada decisão de consumo. Precisamos de **menos "campanhas", e mais "conversas"**. Começamos a chutar mais a gol. Menos balas de canhão, muito mais tiros de *sniper*. Menos "uma serenata com carro de som declarando um poema com chuva de rosas apenas no Dia dos Namorados" e mais "um bilhetinho de amor por dia, ainda que alguns fossem muito bem elaborados e outros escritos com carinho verdadeiro no guardanapo".

O mais interessante desse modelo é que não temos certeza de quais bolas vão entrar no gol. A Anitta não sabe exatamente qual música vai ser o maior sucesso. Aliás, a canção "Envolver", que se tornou uma das mais ouvidas do mundo, não teve todo o apoio da sua gravadora, não teve um clipe superproduzido e não estourou no lançamento. Um pintor não sabe quais quadros serão mais valiosos quando pinta.

No marketing, é assim também. Fazemos apenas uma ideia do que poderá dar certo, mas é o cliente que vai confirmar isso. E aí é que está o ponto... quem faz apenas três ou quatro grandes campanhas no ano fica com tanto medo de errar que acaba não "chutando" de uma maneira muito diferente. Prefere garantir uma nota 6 do que arriscar tirar 10 ou 0. Mas quem chuta toda semana tem mais chances de fazer o extraordinário, ainda que vários esforços não causem muito impacto.

Não sei o melhor modelo para o seu negócio, mas está claro que, em um mundo no qual as atenções mudam rapidamente de lugar e o seu próximo consumidor está acostumado com uma velocidade muito alta, você precisa descobrir a melhor maneira para estar presente com ele. Amigos distantes podem ser muito queridos, mas não estão aqui no dia a dia. Apareça com frequência. Traga sempre um presentinho diferente nas mãos. Provoque risadas novas. Venha até quando estiver triste. E traga sempre um abraço especial quando o seu cliente estiver precisando de você.

Não basta humanizar a marca sem constância. Não basta falar com a pessoa certa apenas uma vez por ano. Não basta ser autêntico só de vez em quando. Para ser querido, comece estando sempre presente.

APARECER NÃO CUSTA NADA

"Sua música tem dancinha no refrão?" Essa é uma das principais perguntas que surgem na hora de começar a produção de um novo hit musical hoje em dia. O hit "Envolver", que citei há pouco, só estourou depois que sua coreografia viralizou nos vídeos curtos. Esse é um minúsculo exemplo para ilustrar uma grande verdade: o mundo mudou, e o modo de fazer marketing também. Alguns anos atrás, uma cantora só fazia sucesso se a sua canção tocasse nas maiores rádios. Um humorista só alcançava a fama se aparecesse em uma grande emissora da TV aberta. E um consultor financeiro

CONSISTÊNCIA: SEMPRE PRESENTE

só ia faturar milhões vendendo livros se acontecesse um milagre. Deixando os fenômenos paranormais de lado, vamos tentar entender o que está acontecendo por aqui.

O fato é que todo "produto" que se propõe a ser consumido por milhões de pessoas precisa romper uma barreira de familiaridade para ser popular. E essa regra continua valendo. Mas as maneiras de alcançar isso mudaram muito. Se você entender bem como funcionam as conversas do mundo digital, pode conseguir ficar famoso sem precisar ser convidado para um quadro em um show de calouros do domingo.

Você às vezes se pega repetindo um trecho de uma música que nem conhece inteira? É porque foi atingido por uma onda. No caso, uma onda digital, que vai contagiando todo mundo que gosta do que vê. E que é facilitada por quem sabe fazer chegar até os seus olhos e ouvidos esses conteúdos. Gente que coloca a sua música de fundo em vídeos de que você gosta no intuito de fazer você se familiarizar com aquela melodia. Gente que deixa o podcast ser picotado em vários pequenos cortes livremente, para que eles multipliquem em milhões de visualizações. Gente que deixa as suas piadas circularem na internet. Gente que dá aulas gratuitamente nas redes todos os dias.

Antigamente isso seria considerado um erro. Um humorista jamais postaria um pedaço do show na internet. Um conselheiro não ia dar conselhos de graça no YouTube. Um médico não toparia responder com tanta abertura às perguntas de pacientes. Afinal, seria trabalhar de graça. Seria desperdiçar algo que poderia ser remunerado. Mas é aí que está uma grande sacada.

Quanto mais piadas do Thiago Ventura eu assisto na internet, mais conteúdos dele eu quero consumir. Quanto mais bons conselhos do Thiago Nigro aparecem na minha tela, mas eu quero ouvir o que ele fala. Quanto mais *stories* divertidos da Anitta aparecem no meu Instagram, mas eu me sinto amigo dela. E todos nós podemos fazer o mesmo.

Se você também quer ser popular (no sentido positivo da palavra), distribuir pedaços do seu trabalho livremente por aí não é trabalhar de graça. É quebrar a barreira da familiaridade sem precisar ser amigo de um famoso. É construir uma reputação sem precisar fazer vídeos caros e superproduzidos. É plantar sementes que você vai poder colher depois. O segredo está justamente em planejar bem a sua colheita. Ainda que ela demore para chegar.

O TEMPO DA CONFIANÇA

De modo geral, as pessoas demoram muito para confiar em alguém. Podemos até sentir aquela sensação de "gostei de fulano de primeira", mas isso é tão raro que, quando acontece, fazemos questão de falar em alto e bom som. O mais comum é a construção gradual, a paixão que se desenvolve, a amizade que se solidifica com o tempo. Temos um caminho de observação, de "provas de amor". Só com o passar do tempo e a regularidade no trato, a confiança é adquirida. É o que também acontece com as marcas. Se você viaja muito, tenho certeza de que tem relações diferentes com as marcas de companhias aéreas. Você deve ter uma que considera mais pontual, outra que acha mais inflexível... porque em várias situações você percebeu isso delas e ficou com essa imagem ao longo dos anos. Pode ser que uma dessas empresas tenha mudado radicalmente os seus processos e conseguido fazer um verdadeiro "milagre" para que o check-in ficasse aberto por dez minutos a mais que as outras empresas. Mas você nem percebeu.

No processo de modernização do McDonald's no Brasil, a empresa decidiu reformar todos os restaurantes, colocando um belo enxoval de tecnologia e decoração nos ambientes. As novas unidades eram muito mais bonitas, tinha menu digital, totem de autoatendimento, wi-fi e arquitetura bem agradável. Algumas dessas reformas custaram milhões, mas cansei de visitar unidades recém-inauguradas e falar com centenas de clientes que

CONSISTÊNCIA: SEMPRE PRESENTE

simplesmente não notaram nenhuma mudança logo no primeiro dia. Foi só depois de algumas visitas, em unidades diferentes, que vários entenderam que algo mudou.

Eu me lembro de ter conversado com um Diretor de Marketing de uma das maiores redes de drogarias do Brasil. Ele me contou, abismado, que eles tinham feito uma pesquisa e constatado que 70% dos clientes que estavam dentro da sua loja não sabiam dizer o nome da farmácia onde estavam fazendo compras. Impressionante. Eles não são uma marca desconhecida, suas unidades são muito bem-sinalizadas e a sua experiência de compra é uma das melhores do país. Mas ainda assim...

Os consumidores não são idiotas, eles apenas têm informação demais para absorver. E você precisa jogar esse jogo sabendo disso. Neste exato momento, tem gente achando que vai mudar a imagem da sua oficina mecânica simplesmente colocando uma plaquinha de "obrigado pela sua visita" na parede. Isso nunca vai acontecer. Você está submerso no seu negócio e sabe tudo que está acontecendo nele, mas os seus clientes não. Eu tenho plena convicção de que mesmo os clientes mais assíduos do McDonald's não conhecem o cardápio completo. Três anos depois de brincar com o apelido "Méqui" e mudar a linguagem da marca, ainda há muitas pessoas que não perceberam isso. É assim mesmo. E só há uma maneira de acelerar esse processo: com consistência.

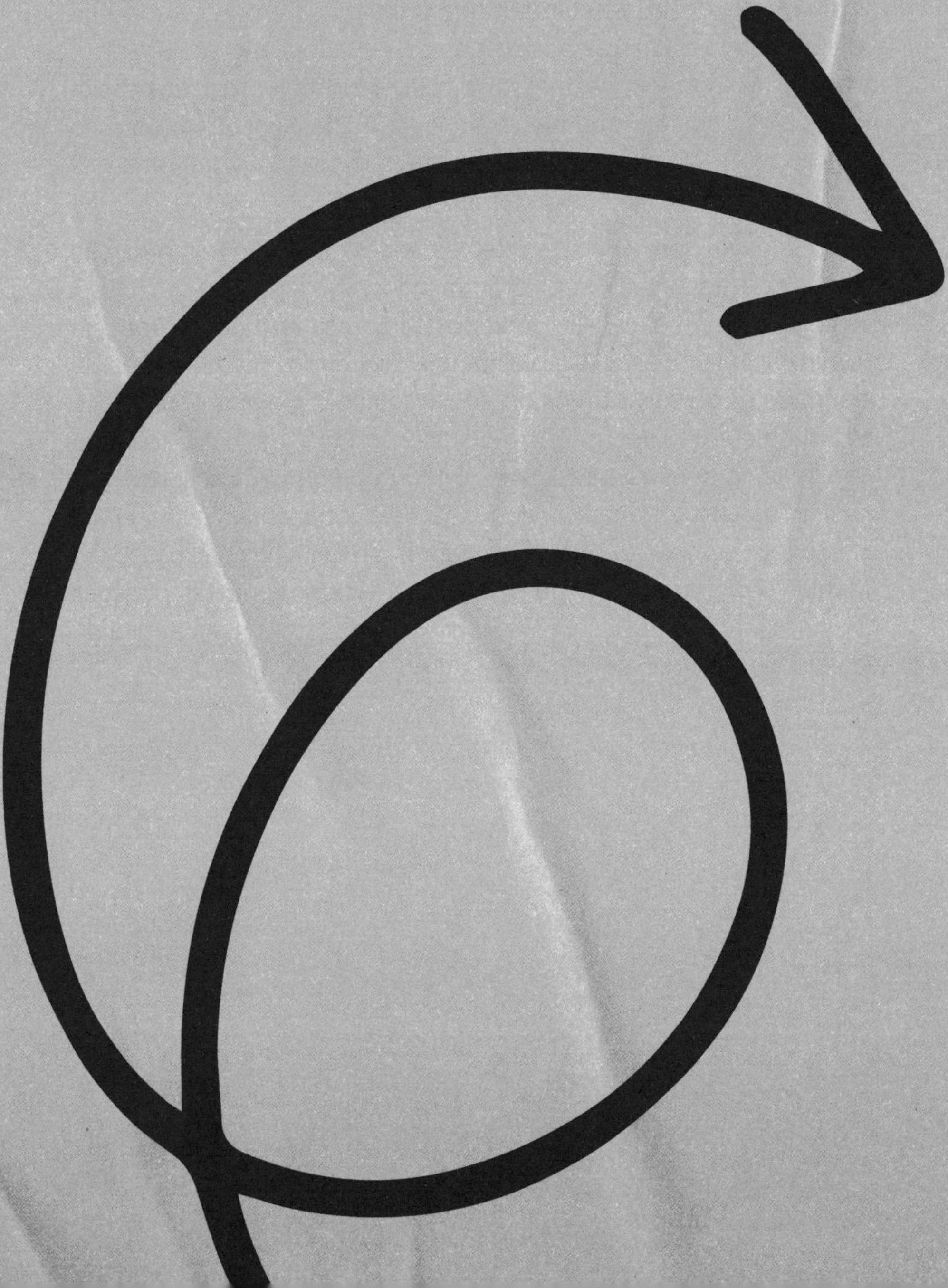

[capítulo 10]

VENDER FAZ SENTIDO

> **Marketing é uma chance de servir.**
> SETH GODIN [40]

---

40 GODIN, S. **Isso é marketing**: para ser visto é preciso aprender a enxergar. Rio de Janeiro: Alta Books, 2019.

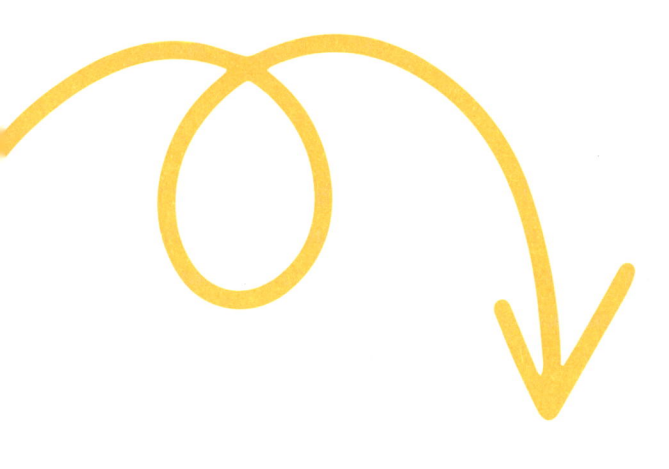

Quando dois produtos parecidos estão na mesma gôndola, sendo vendidos pelo mesmo preço, o mais vendido sempre será o que tem a marca preferida. Qual é a que o seu cliente prefere?

Construir marca é investir em uma blindagem, uma relação emocional, uma proximidade, uma amizade com o seu público. Não é apenas lembrança, é vínculo.

Nos capítulos anteriores, falamos sobre relevância, humanização, autenticidade e consistência. Falamos sobre conhecer profundamente o seu público, abordá-los da maneira certa, com os argumentos certos, no momento certo, com sensibilidade humana, com verdade, com constância e coerência – ingredientes cruciais para a receita do novo marketing. Não é uma fórmula mágica e nem rígida, você vai ter que dosar por aí. Talvez precise de uma porção extra de autenticidade, talvez o ponto mais crítico seja a constância. Ou talvez tenha que fazer uma atualização geral.

Se você oferece coisas para um público jovem, um nicho que é mais ligado nesses pontos que mencionei, ou em um segmento muito competitivo, recomendo atenção redobrada. Seus concorrentes podem sair na frente e criar uma conexão mais profunda com os seus clientes enquanto você faz o mesmo de sempre.

As ferramentas de comunicação estão mudando, mas os seus clientes também estão muito diferentes. Por um lado, você tem mais informações sobre seu público, mais pontos de contato e mais possibilidades. Mas, do outro lado da tela, você tem olhos mais exigentes, mais conscientes, com novas referências, hábitos, crenças e preferências. **O marketing não tem que mudar se a tecnologia mudar. Ele tem que mudar se o cliente mudar. E ele está mudando muito. E muito rápido.** Para boa parte dos seus consumidores, o "velho" marketing já não funciona mais. A maneira de conquistar a preferência do seu púbico mudou. Se você quer garantir que vai continuar vendendo muito no futuro, **chega do marketing que parece marketing!**

POR QUE VENDER MAIS?

Você deve ter comprado este livro porque quer mudar algo no seu resultado. Imagino que tenha um interesse genuíno em crescer, expandir, impactar muita gente e faturar bastante. Não é uma delícia ver uma agenda lotada de clientes? E o que pode ser mais legal do que ter o celular pipocando constantemente com novos pedidos de entrega? Isso é sinal de que as pessoas estão gostando do que você faz e que o dinheiro está chegando.

Eu adoro bater recordes. É sensacional poder dizer para todo mundo que "nunca vendemos tanto Big Mac na história". É satisfatório demais ver o livro que escrevi saindo constantemente na lista do mais vendidos do Brasil. Você deve ter a mesma sensação quando fecha uma negociação, quando recebe uma proposta, quando "emplaca" uma ideia.

Muito provavelmente você chegou até aqui porque deseja vender mais. Hoje ou amanhã. Produtos ou serviços. Você quer ganhar mais dinheiro oferecendo mais coisas para mais pessoas. Ninguém compra um livro de marketing para desestressar, apreciar as rimas, ou conhecer mais sobre a vida do autor. Você quer vender. E eu quero ajudar você com isso. Por isso, deixei registrado nas páginas anteriores as melhores dicas que posso dar para alavancar o seu faturamento construindo marcas fortes. Mas não posso terminar o livro sem deixar uma ajuda ainda mais profunda do que essa. Uma provocação importantíssima a partir de uma pergunta que gostaria que você respondesse com sinceridade: **por que você quer vender mais?**

Pode parecer uma pergunta óbvia, mas não é. Por que você quer triplicar o seu faturamento? Por que você quer lucrar dez vezes mais? O que você vai fazer com todo esse recurso?

Quando perguntei sobre a real missão do seu negócio algumas páginas atrás, queria que você fosse além nesse pensamento. **Existe algo que você faz, que melhora a vida de alguém e que ninguém mais consegue fazer igual a você**. De coração, espero que você perceba que é para isso que a sua empresa existe.

Vender muito é ótimo. Mas é ainda melhor se tivermos consciência do que estamos fazendo nesse processo, que é mais do que uma transação comercial.

Quando você resolve um problema crônico do seu cliente, você não fez apenas um bom negócio... você melhorou a vida dele. Quando deixou o processo de limpeza da casa da sua consumidora dez minutos mais rápido, você acabou de dar dez minutos a mais de vida por dia para ela. Quando você ofereceu uma decoração para uma casa, deixou a vida de uma família um pouquinho mais bonita e confortável. Todos os dias, por meio do trabalho de marketing e vendas, temos a oportunidade de deixar contribuições assim.

Pode parecer romântico demais, mas se você parar para pensar, vai perceber claramente que é por meio do trabalho das outras pessoas que colocamos mais conforto, facilidade, economia, alívio e outras coisas boas no nosso dia a dia. E acessamos isso quando compramos o que elas oferecem.

Isso significa que existe um sentido maior em colocar algo à venda. **Quando você percebe que está oferecendo um impacto positivo para o outro, vender é também servir**. Quando você oferece uma ajuda que só você pode dar para alguém que está precisando e faz isso cobrando um preço justo, com a intenção de

QUANDO VOCÊ AMA QUEM PRECISA DO SEU TRABALHO, NÃO É SÓ TRABALHO.

[@falajoaobranco
DESMARKETIZE-SE]

fazer o bem, não está apenas emitindo uma nota fiscal... você está estendendo uma mão ao próximo.

Qual é a atividade central do seu empreendimento? Qual é o ponto mais importante a ser feito na sua empresa? **No mundo dos negócios, usamos muito a expressão "core business". Mas esquecemos que a palavra "core" significa coração.**[41] O que está no coração do seu negócio?

Quando você se importa com quem precisa do que você vende, não é apenas marketing. **Quando você ama quem precisa do seu trabalho, não é só trabalho.**

O MELHOR DE TODOS OS ELOGIOS

Quando comecei a trabalhar em marketing, percebi que os melhores profissionais da área têm uma "pitada" de artista. Possuem algum grau de senso estético, rompantes geniais e criatividade acima da média. A quantidade de premiações que geram aplausos para os melhores trabalhos da área me fez acreditar que essa classe é, também, bastante egocêntrica. Depois me livrei desse preconceito. Porque entendi que, no fundo, todos nós gostamos de ser elogiados. Um publicitário fica bastante orgulhoso quando a sua campanha ganha um reconhecimento no festival de Cannes. Mas um vendedor também se sente o máximo quando fica no topo do concurso de vendas da firma e ganha uma viagem para a sua família. Assim como uma cabeleireira sente um reforço positivo muito forte quando a sua técnica de coloração vira referência. Um advogado pisa nas nuvens quando é chamado para dar uma opinião jurídica no telejornal líder de audiência. E uma empreendedora se emociona quando fecha uma negociação grande.

O trabalho cansa, desgasta, maltrata. Mas traz compensações.

---

41 CORE. *In*: **Online etymology dictionary**, 2023. Disponível em: https://www.etymonline.com/search?q=core. Acesso em: 8 ago. 2023.

DESMARKETIZE-SE

Quando a nossa profissão nos entrega aplausos, dinheiro, títulos ou homenagens, parte do nosso cérebro tenta nos convencer de que tudo valeu a pena por isso. Quem já ganhou uma "medalha" muito disputada sabe do que estou falando. É gostoso ser reconhecido. São minutos de fogos de artifício internos que geram uma memória feliz. Mas há outro grupo de pessoas que conhece um sentimento ainda melhor. Aquele que aparece quando recebemos um bilhetinho da filha escrito "para o melhor papai do mundo". Aquele que surge quando uma amiga manda uma mensagem dizendo que "jamais esquecerei o que você fez por mim hoje". Ninguém precisou nos aplaudir em público, nenhum troféu foi pendurado na nossa parede e a nossa conta bancária não mudou. Mas os fogos de artifício foram ainda mais marcantes. É quando **vender não é apenas vender. É servir, ajudar, fazer diferença, amar.**

O mesmo vale para o nosso trabalho.

"Que produto legal!", "que lançamento incrível!", "que recorde impressionante de vendas!", "que embalagem bonita!", "que propaganda criativa!", "que aplicativo interessante!". É muito gostoso receber todos esses elogios. Mas nada disso, repito, nada disso, chega aos pés de quem ouve do cliente: "O seu produto mudou a minha vida".

A sensação de ter melhorado o dia de alguém, de ter dado comida para quem estava com fome, de ter abraçado quem estava triste, de ter aquecido quem estava com frio, de ter aberto os caminhos de quem estava com pressa, de ter aliviado quem estava com dor... é outra categoria de satisfação. Pergunte a um músico que vê as pessoas ficarem com os olhos marejados quando escutam a sua melodia. Pergunte a um humorista que vê uma pessoa tendo o dia mais sorridente do ano ali na fileira da frente do seu show. Pergunte a uma professora que recebeu a notícia de que aquele aluno que tinha dificuldades acaba de ser aprovado na faculdade que tanto sonhava. Pergunte a uma costureira que conseguiu fazer um vestido de noiva especial para a sua cliente que queria homenagear a avó. Pergunte a um atendente da padaria que deu o troco para uma criança que veio comprar pão sozinha pela primeira vez e se sentiu o máximo. Pergunte a uma chef de cozinha que faz seus clientes relembrarem as suas origens com o seu tempero. Esse é o mais perto que conseguimos chegar de uma sensação de "fazer o que eu deveria ter feito".

Quando o seu trabalho melhora um pouquinho a vida de alguém, ele é, também, algo divino.

Eu não sou o seu chefe e não tenho interesse algum em convencer você a trabalhar cada vez mais ganhando cada vez menos. Mas eu tenho todo o interesse do mundo em servir você com uma reflexão que é capaz de mudar a sua visão sobre o que você faz todos os dias nisso que chama de profissão.

O poema mais bonito do mundo não faz sentido se não houver alguém para ler e aproveitar. Do mesmo modo, o marketing só completa seu sentido na satisfação do cliente.

Imagine um mágico. Ele treina dia após dia, estuda os melhores truques até alcançar a maestria. Mas ele não treina só para si, ele treina com tanto afinco porque haverá um público que ficará surpreso e entretido. Ou seja, ele faz mágica para alguém. Não perceber isso desbota a magia, acaba o truque. Sozinho a magia não existe. Não se deve supor que com as vendas isso seja diferente – sapatos, livros, cafés, televisões, celulares, tudo isso fazemos para os outros.

> Deus não lhe deu uma capacidade incrível de tocar piano apenas para ficar rico ou tocar para si mesmo. Foi para deixar os ouvidos dos outros mais felizes com suas músicas.

Lembre-se todos os dias ao começar a sua jornada de trabalho: o que você faz ajuda a preencher o outro de alguma maneira. Quando se compreende isso, o horário comercial ganha um novo propósito.

Veja a diferença entre essas duas respostas. Ao ser perguntado pelo filho pequeno porque o pai vai trabalhar, a resposta comum

QUANDO O SEU TRABALHO MELHORA UM POUQUINHO A VIDA DE ALGUÉM, ELE É, TAMBÉM, ALGO DIVINO.

[@falajoaobranco
DESMARKETIZE-SE]

é "porque o papai precisa" ou "para ter dinheiro para comprar o que o você quer", agora imagine esta: "porque a mamãe vai ajudar alguém a ter uma viagem de férias inesquecível", "porque vou ajudar alguém a ficar mais bonito para o dia do seu casamento", "porque vou ajudar uma pessoa que está triste com a sua vida a ficar um pouco mais feliz", "porque o papai vai ajudar alguém a realizar o sonho de comprar uma casa". Diferente, não acha?

Vender com propósito significa ter consciência de que mesmo uma troca de produto por pagamento pode ser um gesto de serviço a alguém. Ao suprir o outro, sinto que fiz o que devia estar fazendo, o que nasci para fazer.

VOCAÇÃO PARA VENDER

Muita gente faz testes de perfil antes de entrar no mercado de trabalho. Especialistas nos ajudam a entender nossas habilidades e talentos. Chamamos isso de "teste vocacional".

Vocação. Essa é uma palavra que sempre me chamou a atenção. Qual é a sua vocação? Será que existe algo que você nasceu para fazer? Será que temos realmente vocações diferentes? Seria ela apenas uma palavra que pode ser substituída por "capacidade"? Por um lado, um conceito complexo de explicar. Por outro, algo tão fácil de identificar... Você tem dificuldade de definir a vocação da Adele? Do Ayrton Senna? Do Michael Jordan? Da Oprah Winfrey? Do Oscar Niemeyer?

A palavra "vocação" tem origem no vocábulo em latim "vocare", que remete a uma vocalização, um chamado de voz.[42] Ou seja, quando estamos falando da sua vocação, estamos falando do seu... chamado.

Você tem um chamado. Existe algo que, quando você faz, toca as pessoas de uma maneira diferente. Com a prática, com

---

[42] VOCAÇÃO. *In*: **Significados**, 2023. Disponível em: https://www.significados.com.br/vocacao/. Acesso em: 8 ago. 2023.

o tempo e com a sua sensibilidade você vai perceber o seu. Não quero ultrapassar o limite das crenças pessoais, mas meu lado de fé não me deixa finalizar esse trecho sem uma última provocação – talvez a mais profunda de todo este livro: lembre-se de que **não existe chamado sem um chamador**. Não aprendi esse conceito em uma igreja, mas com um publicitário americano chamado Os Hillman. Divinamente surpreendente, assim como o impacto que você vai causar nas pessoas quando colocar o seu chamado em prática, oferecendo aquilo que melhora a vida delas de maneira humanizada, autêntica, relevante e consistente. Seu cliente está aguardando por isso.

ALGUÉM PRECISA COMPRAR E EU PRECISO VENDER

Deixei um spoiler na introdução deste livro sobre a minha definição preferida de marketing. Meu maior objetivo com ela não é virar um guru, mas ajudar a mudar a sua relação com a sua profissão: **marketing é tudo o que está entre alguém que PRECISA comprar e alguém que PRECISA vender**. Do outro lado do balcão, está alguém que precisa do que você oferece. Existem pessoas que têm "buraquinhos" que você consegue preencher. E, do seu lado do balcão, existe alguém que precisa levar sustento para casa, alguém que quer ser recompensado pelo seu trabalho e, principalmente, alguém que quer ver propósito no que faz. Você não quer passar metade da sua vida vendendo objetos. E, quando entende que o seu produto ou serviço melhora a vida do outro, tem uma sensação de que precisa vender.

Eu preciso vender. Não apenas porque tenho desejos de conquistas pessoais, mas porque entendo que o que eu vendo torna a vida de alguém melhor. Eu preciso vender, porque me importo com o outro. Eu preciso vender, porque percebo que o meu trabalho tem muito de amor. Eu preciso vender, porque existe um cliente que precisa de mim.

MARKETING
É TUDO O QUE ESTÁ ENTRE ALGUÉM QUE PRECISA COMPRAR E ALGUÉM QUE PRECISA VENDER.

[@falajoaobranco
DESMARKETIZE-SE]

DESMARKETIZE-SE

ATIVE O RAIO DESMARKETIZADOR

Cliente. Sete letras formando uma palavra tão borbulhante. Quem já atendeu dezenas de clientes por dia sabe o desafio de servir. Clientes nunca estão satisfeitos. E certamente foi um cliente que inventou a expressão "o cliente sempre tem razão". Mas a origem da palavra cliente remente a "alguém que precisa do que o outro oferece". É alguém que depende de mim. E é também porque ele precisa comprar que eu preciso vender. Assim dou outro significado à minha venda e à minha profissão. Não porque estou usando uma técnica de marketing mais avançada ou porque tenho um produto inovador, mas, principalmente, porque aqui na "alma do negócio" há uma intenção diferente.

O mais interessante disso tudo é que quando você começa a trabalhar com essa intenção, o cliente percebe.

Você percebe quando um vendedor está lhe atendendo com má vontade? Nota quando ele está sendo falso? Consegue sentir quando um fornecedor está blefando? Seus clientes também percebem isso em sua publicidade.[43] Muitas marcas já entenderam que o jogo mudou e estão se apresentando de maneira mais verdadeira, limpa, desinteresseira e humana. Parece um contrassenso expor as suas fraquezas para vender mais, mas esse público prefere relações assim. E recompensa voltando mais vezes, preferindo a sua marca, defendendo a sua empresa, recomendando o seu produto.

Gosto da frase atribuída a Gary Vaynerchuk, que afirma: "A melhor estratégia de marketing é se importar com o cliente". O que aconteceria se amanhã surgisse um novo concorrente no seu mercado que chegasse "jogando a real" para os seus consumidores? E se ele começasse a admitir seus erros e se mostrar

---

[43] BRANCO, J. Ative o raio desmarketizador. **Meio&Mensagem**, 13 fev. 2023. Disponível em: https://www.meioemensagem.com.br/opiniao/ative-o-raio-desmarketizador. Acesso em: 8 ago. 2023.

como uma opção diferente? Cuidado. Esse risco é maior do que você imagina.

Cada marca tem os seus posicionamentos, limitações e escolhas. Mas existe uma multidão de consumidores que certamente gostariam de aplicar um "raio desmarketizador" nas comunicações que vê por aí.

Em vez de esconder os morangos pequenos na fileira de baixo da caixinha, que tal falar sobre eles? Talvez eles sejam os mais gostosos, aliás. E podem se tornar os preferidos de muitos clientes. Desmarketize-se. Esse é o novo marketing.

NEGÓCIOS COM PROPÓSITO

Sei o que é ter metas para bater. Também sei o que é estar envolvido em mil projetos ao mesmo tempo, liderar grandes equipes, ter que dormir pensando em problemas complexos, carregar muitas caixas, apertar muitos parafusos todos os dias. Mas o que traz sentido ao que fazemos não é o nome do cargo, o tamanho do faturamento nem o aplauso do mercado. Ele está muito mais ligado ao como fazemos o que fazemos, por que fazemos o que fazemos, para quem fazemos o que fazemos.

Como diria Bill Gates: "Os negócios têm o potencial de ser uma força poderosa para o bem no mundo".

Empresas que se importam com os clientes vendem mais. Mas vão além das vendas. Profissionais que entendem a diferença que o seu trabalho faz na vida do outro, trabalham diferente e conquistam um resultado que vai além das metas batidas. Estou falando de um resultado que enche o seu coração de algo diferente.

QUEM SE IMPORTA COM OS CLIENTES VENDE MAI$.

MAS VAI ALÉM DAS VENDAS.

[@falajoaobranco
DESMARKETIZE-SE]

VENDA COMO NUNCA

Se você vender como sempre, vai vender como sempre. Se você vender como nunca, vai vender como nunca. Se você usar as técnicas que sempre usou, não vai ter resultados diferentes. Em um mundo que muda tão rápido, é possível que você seja tão disciplinado no plantio quanto foi no passado, mas acabe colhendo menos.

Falar com a pessoa certa, oferecer algo relevante, com autenticidade, humanização e consistência. Ao longo do livro, compartilhei com você cinco blocos de novas ferramentas para você vender diferente. Mas a maior diferença de todas está no seu coração. Venda com alma. Ofereça com sensibilidade. Perceba do que o próximo precisa. Entregue o seu melhor para ele ao preço mais justo que puder praticar. Ofereça aos outros quem você é, e não apenas o que você faz. Porque **talvez não exista uma maneira mais prática de amar o próximo do que simplesmente fazer o seu trabalho bem-feito, com essa intenção.**

Não consigo garantir que você vai faturar mais do que aquele concorrente, mas consigo garantir uma coisa ainda mais importante: que você vai chegar em casa com a maior sensação de propósito possível.

==Fazer marketing não é apenas construir marcas. Mas construir as marcas que você vai deixar na vida dos seus clientes.==

Do fundo do coração, desejo que você venda muito mais. Mas, principalmente, desejo que você venda melhor e com **propósito**.

ESTE NUNCA FOI UM LIVRO SOBRE MARKETING

Você comprou um livro de um marketeiro, mas ele veio em um "combo". Junto com as melhores dicas que eu poderia dar, deixei aqui também um pouco de mim para você. Fiz isso porque acho que você precisa do que escrevi, porque acho que a sua vida pode ficar um pouco melhor e porque me sinto no dever de servi-lo com essas ideias.

Neste momento, você é o meu cliente. E tentei abordá-lo da maneira mais relevante, humanizada, autêntica e coerente possível, colocando em prática o que eu mesmo deixei de ensinamentos. Se você me segue nas redes sociais, nada foi uma grande surpresa. Mas se você está me conhecendo melhor agora e se interessou pelo meu ponto de vista, quero convidá-lo a caminharmos mais juntos! Nas minhas redes sociais @falajoaobranco, você vai encontrar muitos outros conteúdos, entrevistas, palestras e oportunidades incríveis de aprendizado sobre marketing. Também vai conhecer o meu primeiro livro, *Dê propósito*, sobre como colocar mais significado e satisfação na sua profissão.

Realmente acredito que o seu trabalho é muito importante. Existe muita gente que precisa do que você faz. Precisamos de médicas, de bombeiros, de advogados, de manicures, de professoras, de motoboys, de juízes, de cantoras, de jogadores de futebol e até... de bons marketeiros. Quando você faz um bom trabalho, a vida da minha família fica um pouquinho melhor.

Ajuste a maneira como você trabalha e coloque mais propósito nesse lugar onde você passa metade da sua vida. **O seu trabalho pode ser parte da sua missão, se você trabalhar com essa intenção.**

Este livro foi impresso pela
Edições Loyola em papel pólen
bold 70 g/m² em outubro de 2023.